TRAITÉ PRATIQUE

DE

PHOTOGRAPHIE

SUR PAPIER, SUR VERRE

ET SUR PLAQUES MÉTALLIQUES.

PAR

AUBRÉE, CHIMISTE,

Membre associé de la Société Linnéenne des Sciences chimiques et physiques
de Paris.

Prix : **2 fr. 50** c.

PARIS.

WULFF ET Cᵉ, FABRICANTS DE DAGUERRÉOTYPES,
RUE RAMBUTEAU, 38.

GERMER BAILLIÈRE, LIBRAIRE, | GARNIER FRÈRES, LIBRAIRES,
rue de l'École-de-Médecine, 17. | rue Richelieu, 10, et Palais-National, 213

A MARSEILLE, chez Mad. Vᵉ CAMOIN, libraire.
A LYON, chez DURAND, graveur, passage de l'Argue.
A BORDEAUX, chez BONNET, *à la Palette d'Or*,
Fossés de l'Intendance, 54.

1851

TRAITÉ PRATIQUE

DE

PHOTOGRAPHIE SUR PAPIER,

SUR VERRE ET SUR PLAQUES MÉTALLIQUES.

On trouve chez MM. Wulff et C°, rue Rambuteau, 38, tout ce qui a rapport au daguerréotype sur plaques métalliques et sur papier.

Les objectifs sont spécialement garantis; l'ébénisterie des diverses pièces composant les appareils, est d'une exécution irréprochable; les produits chimiques sont aussi de première qualité.

MM. Wulff tiennent un assortiment complet d'encadrements et objets de fantaisie en tous genres; c'est-à-dire passe-partout, cadres ovales et carrés, écrins, médaillons, broches, épingles, bracelets, etc.

On envoie le catalogue *franco* aux personnes qui en font la demande par lettre *affranchie*.

Leçons pratiques, tous les jours, chez l'auteur, rue Vivienne, 34 (*affranchir*).

PARIS. — IMPRIMÉ PAR E. THUNOT ET C°,
Rue Racine, 26, près de l'Odéon

TRAITÉ PRATIQUE

DE

PHOTOGRAPHIE

SUR PAPIER, SUR VERRE

ET SUR PLAQUES MÉTALLIQUES.

PAR

AUBRÉE, CHIMISTE,

Membre associé de la Société Linnéenne des Sciences chimiques et physiques
de Paris.

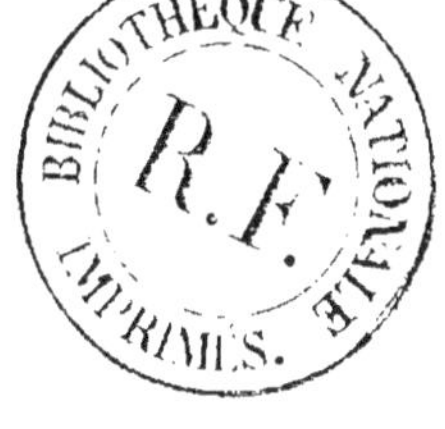

PARIS.

WULFF ET C⁸, FABRICANTS DE DAGUERRÉOTYPES,
RUE RAMBUTEAU, 38.

GERMER BAILLIÈRE, LIBRAIRE,   GARNIER FRÈRES, LIBRAIRES,
rue de l'École-de-Médecine, 17.   rue Richelieu, 10, et Palais-National, 313

A MARSEILLE, chez Mad. Vᵉ CAMOIN, libraire.
A LYON, chez DURAND, graveur, passage de l'Argue.
A BORDEAUX, chez BONNET, à la Palette d'Or,
Fossés de l'Intendance, 54.

1851

Le but que je me suis proposé en publiant
mon procédé pour obtenir des portraits sur
papier a été de mettre tous les photographistes
à même d'opérer seuls, et de leur aplanir toutes
les difficultés qu'ils rencontrent journellement
en suivant les formules écrites dans des bro-
chures plus ou moins intelligibles.

J'ai élagué toute digression scientifique; je
me suis spécialement attaché à leur démontrer
les bonnes conditions d'une manipulation pratique, sans laquelle il est impossible de produire quelque chose de satisfaisant. J'ai laissé
aux savants de notre siècle l'honneur de les ini-
tier aux secrets des compositions et des décompositions chimiques qui ont lieu pendant la
préparation des papiers photogéniques; de leur
expliquer l'action de la lumière sur les sels dé-
composables dont le papier est imprégné; de
leur dire quels sont les phénomènes chimiques

et physiques qui ont lieu dans la reproduction de l'image.

Pour moi, fidèle au plan que je me suis tracé, je n'ai rien négligé pour que tous les photographistes et tous les amateurs du daguerréotype puissent obtenir une bonne épreuve à chaque fois. Je leur indique un procédé pour donner aux épreuves positives toutes les nuances qu'ils voudront, depuis la couleur rousse jusqu'au plus beau noir de la gravure. Cette dernière nuance n'a encore été obtenue que par moi ; je suis l'auteur du procédé que je mets en usage pour l'obtenir ; il donne tant de vigueur et en même temps tant de moelleux aux épreuves qu'on en reconnaîtra bien vite l'utilité.

J'ai considérablement simplifié tous les procédés connus, puisque, par un beau jour et une lumière pure, je peux livrer un portrait en une heure de temps.

Avec mon procédé, plus de ces bains et de ces lavages prolongés qui, en distendant le papier, détérioraient les portraits ; plus d'opérations entre deux glaces qui, par leur imperfection et par la difficulté qu'elles opposaient à la destruction des globules d'air, nuisaient à la netteté des traits et occasionnaient des taches sur les épreuves ; plus de perte de nitrate d'argent, comme on le faisait en le versant sur des glaces ; plus de ces taches produites par ce moyen vicieux ; plus de ces quantités d'eau distillée qu'on était obligé d'employer en suivant les autres procédés. Celui que je livre à la publicité a l'avantage sur tous les autres d'offrir une économie de temps bien précieuse pour les photographistes, une économie d'argent, et par dessus tout celui de pouvoir obtenir de belles teintes noires avec de très-beaux fonds blancs et parfaitement exempts de tache.

J'ai cru utile de reproduire à la fin de cet ouvrage, tout ce qui a été dit depuis peu sur cette intéressante matière ; les amateurs de photographie trouveront de précieux renseignements dans les divers documents que je mets sous leurs yeux.

Une explication claire et concise de la méthode américaine qui est le procédé le plus simple de photographie sur plaques métalliques, trouvera place dans ce traité. On a écrit longuement sur cette matière ; mais à présent l'opération sur plaque n'est plus un secret, et les quelques lignes qui seront consacrées à cet effet suffiront pour mettre parfaitement au courant même les personnes les plus étrangères au daguerréotype.

Je m'estimerai fort heureux si, par la publication de mon nouveau procédé, j'ai pu concourir à faire progresser cette immortelle découverte due au génie du célèbre Daguerre.

NOTIONS PRÉLIMINAIRES.

CHOIX DE L'OBJECTIF.

L'objectif est la pièce la plus importante du daguerréotype; il est donc nécessaire que cet instrument possède les qualités appropriées à l'usage auquel on le destine.

Pour la reproduction des sites, monuments, paysages, etc. on devra se servir d'un objectif simple à long foyer; c'est, quoi qu'on en ait dit, ce qu'il y a de meilleur pour cela : on obtient une grande pureté de lignes et l'épreuve étant également éclairée sur toute sa surface est vigoureuse même dans les parties les plus éloignées du centre; le temps d'exposition est plus long qu'avec

1

un instrument double, mais cela n'a pas d'inconvénient, puisqu'il s'agit de reproduire des objets inanimés.

Pour les portraits, au contraire, on aura un objectif double et à court foyer ; cette qualité est indispensable, car il est essentiel d'opérer rapidement sous peine d'avoir des figures forcées et grimaçantes. Quelques opérateurs rejettent systématiquement les instruments à court foyer, parce qu'ils centralisent trop la lumière ; quant à moi, je ne voudrais certes pas me servir d'un objectif dont l'aberration sphérique serait trop prononcée ; mais si ce défaut n'est pas choquant, je le préférerais à l'inconvénient qu'offrent les longs foyers d'être beaucoup trop lents.

C'est précisément cette grande rapidité à opérer qui a fait la réputation des verres allemands ; si cette qualité n'était pas précieuse et surtout si elle n'était pas généralement goûtée, ils n'auraient pas été payés des prix exagérés.

Je me sers, depuis quelque temps, des objectifs de la maison Wulff et Cie de Paris, et j'en suis extrêmement satisfait. Ces instruments possèdent les qualités des Woigtlander sans en avoir les inconvénients ; d'abord, ils coûtent moitié moins, l'aberration de sphéricité n'est pas appréciable

et ils possèdent, en outre, l'immense avantage
de ne pas avoir deux foyers ; en un mot, c'est
tout ce que j'ai trouvé de mieux jusqu'à présent. Je les recommande particulièrement aux
amateurs de photographie.

DES PAPIERS.

Il serait utile que les fabricants de papier pré-
parassent des papiers spéciaux pour la photographie ; mais pour cela, il faut que ceux qui s'occupent du daguerréotype leur donnent quelques
conseils ; afin qu'ils puissent nous livrer un papier très-blanc, d'une texture quoique impré-
gnable semblable à celle du parchemin, très-
transparent, très-lisse, satiné, mais non glacé ;
d'un grain extrêmement fin et serré ; préparé
avec du chiffon de chanvre très-peu amidonné.
S'il était possible de se servir de colle de poisson
au lieu d'amidon, le papier n'en serait que plus
photogénique et se distendrait moins dans l'eau.
Le jour où nous aurons un très-bon papier, la
photographie marchera rapidement et nous at-
teindrons bien certainement ce fini de détails
qu'on obtient aujourd'hui sur la plaque métallique ; mais en attendant ces heureux résultats

dans la fabrication du papier, je recommande de
choisir un papier à lettre très-blanc, sans azur,
d'une texture très-serrée et très-transparent,
assez fort pour ne pas se déchirer après avoir séjourné pendant quelques heures dans un bain
d'eau. On choisira un papier réunissant toutes
ces conditions, mais avant d'en faire sa provision,
il sera prudent d'en faire l'essai. Voici de quelle
manière : on prendra deux ou trois feuilles de
ce papier, et on les fera tremper pendant environ
huit à dix minutes dans une solution d'iodure de
potassium ainsi composée :

$$\text{Liqueur d'essai :} \left\{ \begin{array}{ll} \text{Iodure de potassium.} & \text{25 gr.} \\ \text{Eau distillée.} & \text{250 gr.} \end{array} \right.$$

Il suffit d'ajouter l'iodure à l'eau distillée, et la
solution a lieu deux ou trois minutes après. Au
bout de dix minutes d'immersion, on retire ces
feuilles de papier, et si pendant leur séjour dans
le bain et pendant leur dessiccation, il ne s'est
formé aucune tache, aucun point noir et qu'elles
aient conservé leur blancheur, elles réunissent
toutes les qualités nécessaires. On pourra alors
en acheter; si au contraire, il se formait des petits points noirs ou d'autres taches, il faudrait le
rejeter.

Ce papier fin et transparent dont je viens de parler servira à la reproduction du portrait à la chambre noire et sera appelé négatif.

La seconde qualité de papier qui servira à la reproduction du portrait à la lumière solaire sera appelé positif : il devra être beaucoup plus fort, c'est-à-dire beaucoup plus épais que le premier ; il n'a pas besoin de transparence, mais il devra être très-blanc, lisse, satiné, mais non glacé.

J'emploie depuis assez longtemps des papiers à lettre provenant des fabriques de MM. Canson frères. Avec ces papiers les essais seront inutiles, car c'est ce qu'on peut désirer de mieux jusqu'à présent.

Quelques opérateurs emploient le papier anglais pour les épreuves négatives ; il est un peu plus long à l'exposition de la chambre noire, mais il résiste mieux à l'action de l'acide gallique et donne des épreuves plus vigoureuses.

PREMIÈRE PARTIE.

IMAGE NÉGATIVE.

PREMIÈRE PRÉPARATION.

PREMIER BAIN.

Eau distillée.	250 gr.
Iodure de potassium.	12 gr.
Fluorure de potassium.	1 gr.
Ammoniaque liquide.	4 gr.

Mettez l'iodure et le fluorure dans l'eau distillée; lorsque les sels seront dissous, ajoutez-y
l'ammoniaque; passez ensuite le tout à travers
un filtre en papier. L'ammoniaque a pour but
d'activer l'opération et de neutraliser en même
temps une certaine quantité d'acide fluorique
libre.

Une demi-heure après cette préparation vous en versez dans une capsule un peu plus grande que le papier que vous voulez préparer ; vous immergez votre feuille dans cette dissolution et vous l'y laissez pendant une minute ou deux. Il faut avoir la précaution de la retourner afin de faire disparaître les globules d'air s'il s'en était formé ; vous la retirez et la suspendez par un de ses angles à une épingle recourbée en crochet que vous aurez préalablement passée à travers une petite ficelle tendue dans un appartement. Quand vous aurez ainsi préparé une certaine quantité de feuilles de papier et qu'elles seront bien sèches, vous les renfermerez dans un carton à l'abri de l'humidité, pour vous en servir lorsque vous le désirerez. Cette première préparation n'a pas besoin d'être faite dans l'obscurité ; elle peut, au contraire, avoir lieu en pleine lumière.

Autre formule d'un bain qui donne également de bons résultats :

Esprit de vin du commerce (alcool à 36°).	250 gr.
Iodure de potassium.	10 gr.
Bromure de potassium.	1 gr.

Faites dissoudre ces deux substances dans l'alcool, filtrez.

Il est nécessaire de mettre l'iodure et le bromure dans l'alcool longtemps avant de s'en servir, ces deux sels se dissolvant lentement dans l'esprit de vin.

Préparez avec ce mélange vos feuilles de papier de la même manière et avec les mêmes précautions que vous l'avez fait avec le bain ammoniacal : vous obtiendrez beaucoup plus de vitesse dans le temps d'exposition à la chambre noire qu'avec les autres préparations à l'eau.

Si l'on voulait obtenir encore plus de rapidité, il faudrait imprégner une feuille de papier d'eau saturée d'acide gallique, la déposer sur la glace dont je vais parler au chapitre suivant et poser par-dessus une feuille préparée avec l'un ou l'autre de ces bains aussitôt qu'elle aura reçu la couche d'acéto-nitrate d'argent dont il va être question maintenant.

J'ai obtenu avec des papiers préparés au fluorure et à l'ammoniaque des vues en une fraction de seconde au soleil. En pleine lumière, mais à l'ombre, le temps d'exposition peut varier de 15 à 60 secondes.

J'ai fait une série d'expériences avec diverses substances telles que : l'iodure de fer, le citrate de fer, l'éther muriatique, l'huile de pétrole, l'éther acétique, l'éther sulfurique, et sans avoir obtenu de bons résultats.

Que les véritables amis de la photographie ne se découragent pas et ne cessent d'expérimenter, car, malgré toutes les déceptions qu'ils éprouveront, il arrivera un moment où leur persévérance sera récompensée par quelque nouvelle découverte dont nous profiterons tous et qui leur fera honneur.

Si chacun de nous publiait ainsi le résultat de ses observations, nous nous épargnerions beaucoup de travail, beaucoup de déceptions et surtout beaucoup de dépenses. Il est à désirer qu'à l'avenir tous ceux qui s'occupent de photographie concourent à la faire progresser en publiant franchement les résultats de leurs recherches.

DEUXIÈME PRÉPARATION.

DEUXIÈME BAIN.

Nitrate d'argent cristallisé.	3o gr.
Acide acétique cristallisable.	45 gr.
Eau distillée.	25o gr.

Mettez dans un flacon les 250 grammes d'eau distillée ; ajoutez ensuite les 30 grammes de nitrate d'argent cristallisé ; quand il sera dissous, vous ajoutez l'acide acétique cristallisable et vous remuez ; ce qui forme un acéto-nitrate d'argent. Cette dissolution devient souvent laiteuse ; il se forme quelquefois un petit précipité, vous laissez reposer le tout et vous filtrez. Il faudra avoir la précaution de tenir cette préparation dans un flacon bouché à l'émeri, et à l'abri de la lumière qui la noircirait.

Lorsque vous voudrez faire une épreuve négative, vous verserez dans une cuvette de porcelaine toute votre dissolution d'acéto-nitrate d'argent (Il est bien entendu que cette deuxième opération, ainsi que celles qui vont suivre, devront avoir lieu dans une petite pièce très-obscure et seulement éclairée par la lueur d'une bougie). Vous pren-

drez une de vos feuilles de papier ioduré et vous
l'appliquerez à plat d'un côté seulement sur votre
bain. Vous aurez la précaution de la relever immédiatement pour vous assurer qu'il n'y a pas de
globules d'air qui devront être détruits, sous
peine d'avoir des taches dans votre épreuve négative. Lorsque votre feuille de papier sera de-
venue blanche dans toutes ses parties, vous la
laisserez encore douze à quinze secondes sur le
bain ; vous la retirez ensuite et vous l'appliquez
sur une glace (1) que vous aurez préalablement
lavée à l'eau distillée et sur laquelle·vous aurez
étendu une feuille de papier fort et humecté
d'eau distillée. Le côté de la feuille de papier
nitraté devra vous faire face ; vous passerez une
baguette cylindrique de verre sur toute l'étendue de votre papier, afin de l'unir et de chasser
les globules d'air qui pourraient se former entre
les feuilles sous-jacentes. Cette petite opération a
encore pour but de retirer l'excédant de l'acéto-

(1) Beaucoup d'opérateurs se servent d'une ardoise au
lieu d'une glace ; le papier y adhère plus facilement et est
moins sujet à se boursoufler ; je préfère la glace, parce
qu'on la nettoie plus facilement ; l'ardoise a en outre l'inconvénient de s'imprégner de la solution de nitrate d'argent, et il arrive souvent alors d'avoir l'envers de l'épreuve
taché.

nitrate d'argent qui, venant à ruisseler sur le papier, déplacerait infailliblement les traits de l'épreuve.

Ces conditions remplies, vous mettez la glace dans votre châssis qui doit être fermé du côté opposé au modèle par une planchette, afin d'intercepter les rayons lumineux. Vous l'appliquez à la chambre noire et vous commencez l'exposition à la lumière ; elle sera de 20 à 60 secondes suivant le foyer de l'objectif et l'intensité de lumière sous l'influence de laquelle vous opérerez.

Si vous voulez obtenir plus de vitesse, plongez pendant quelques instants la glace ou l'ardoise dans de l'eau bien chaude ; trempez également dans l'eau bouillante le papier sur lequel vous appliquez votre feuille nitratée.

Ici, il est extrêmement utile de faire remarquer que pour la réussite d'un portrait, il faut une lumière du nord sans reflet de soleil ; la lumière que doit recevoir l'épreuve doit être celle réfléchie par le modèle. Quand vous jugez le temps d'exposition à la chambre noire suffisant, vous retirez votre châssis, vous le portez dans votre appartement éclairé seulement par la lueur d'une bougie, et vous faites subir à votre épreuve la troisième préparation suivante :

TROISIÈME PRÉPARATION.

LAVAGE DE L'ÉPREUVE A L'ACIDE GALLIQUE.

APPARITION DE L'IMAGE.

***

SOLUTION D'ACIDE GALLIQUE.

Vous mettez dans un flacon la quantité de 300 grammes d'eau distillée, et vous y ajoutez 3 grammes d'acide gallique ; cette dissolution doit être faite 24 heures avant de s'en servir : filtrez, pour en séparer l'excès d'acide gallique qui n'aurait pas été dissous.

En retirant votre glace du châssis vous la posez sur un support en cuivre que vous avez eu préalablement la précaution de mettre bien de niveau, et vous passez sur toute sa surface, à l'aide d'un pinceau plat en poil de martre la solution saturée d'acide gallique que vous avez préparée à l'avance ; vous voyez aussitôt apparaître l'image qui sera inverse : les noirs seront blancs et les blancs seront noirs. Lorsque vous la jugerez bien venue, c'est-à-dire, lorsque vous la verrez parfaitement bien dessinée dans toutes ses parties ; qu'elle sera bien modelée, que les lignes seront bien arrêtées, que les noirs et les blancs seront bien tranchés et les demi-teintes bien conservées, vous arrêterez l'action de l'acide gallique en plongeant votre épreuve dans une capsule en faïence remplie d'eau ordinaire ; l'eau de pluie serait préférable, parce qu'il arrive souvent que l'eau contenant quelques sels ferrugineux, l'acide gallique forme un gallate de fer qui noircit l'eau et les blancs de l'épreuve ; de sorte que l'épreuve devient uniformément noirâtre des deux côtés et ne peut plus servir. On peut parer à cet inconvénient en changeant d'eau pendant trois ou quatre fois en un quart d'heure.

Pour accélérer l'apparition de l'image, on pourra exposer l'épreuve à la vapeur d'eau bouillante, après qu'elle aura subi le lavage à l'acide gallique : on verra alors les noirs sortir rapidement et l'image acquérir une grande vigueur ; on s'arrêtera lorsque les noirs seront bien intenses et opaques en regardant l'épreuve par transparence.

Il faut éviter, avec grand soin, que la lumière du jour ne frappe l'épreuve avant qu'elle ne soit fixée, car les parties blanches qui doivent fournir les noirs et les demi-teintes s'altéreraient sensiblement.

Il faut remarquer qu'une épreuve qui a assez d'exposition à la chambre noire apparaît promptement sous l'influence de l'acide gallique, et que celle qui n'apparaît qu'à force d'acide sera toujours défectueuse, remplie de petits points noirs et blancs qui se traduiront sur l'épreuve positive, en autant de petites taches nommées *grivelures*, qui sont non-seulement désagréables, mais encore qui prouvent une mauvaise réussite.

Quand l'image négative aura séjourné dans l'eau pendant une demi-heure, on procédera au fixage de la manière suivante :

QUATRIÈME PRÉPARATION.

FIXAGE DE L'IMAGE.

TROISIÈME BAIN.

Eau distillée.   500 gr.
Bromure de potassium.   16 gr.

Mettez le bromure dans la bouteille, remuez, et la solution aura lieu immédiatement ; aussitôt que vous la verrez complète, versez cette liqueur dans une cuvette bien propre. Retirez votre épreuve négative de l'eau qui a servi à la débarrasser de l'acide gallique et plongez-la dans cette solution pendant dix minutes ou un quart d'heure; ensuite lavez-la de nouveau à l'eau ordinaire ; faites-la sécher entre les feuilles d'un cahier de papier buvard, qui ne servira qu'à cet usage et qui sera étiqueté : *Négatif bromure.*

Il faut remarquer que ce bain, après avoir fixé un certain nombre d'épreuves, a perdu de sa force et a besoin qu'on y ajoute trois ou quatre grammes de bromure ; le volume d'eau restera longtemps le même, car, ne laissant pas égoutter les épreuves au sortir de l'eau des lavages, elles apportent au bain autant d'eau qu'elles en enlèvent.

On fixe aussi les épreuves négatives dans une solution ainsi composée :

Eau.	1000 gr.
Hyposulfite de soude.	100 gr.

Faites dissoudre l'hyposulfite dans l'eau et filtrez.

Vous plongez l'épreuve dans cette dissolution pendant une demi-heure environ, vous la passez ensuite dans une bassine d'eau, et vous l'y laissez pendant 35 à 40 minutes ; afin qu'elle ne conserve aucune trace d'hyposulfite, l'eau du lavage devra être changée à plusieurs reprises ; vous la faites sécher en la suspendant par un angle.

Je préfère le fixage au bromure de potassium, parce qu'il me permet de mettre plusieurs épreuves dans le même bain, ce qui ne peut pas être fait avec de l'hyposulfite. Du reste, la plupart des opérateurs, tels que MM. Blanquart-Evrard et autres, n'emploient que le bromure.

DEUXIÈME PARTIE.

IMAGE POSITIVE.

PREMIÈRE PRÉPARATION.

PREMIER BAIN.

Chlorure de sodium pur ou sel commun.	16 gr.
Eau distillée.	250 gr.

Faites dissoudre le sel dans l'eau distillée, ensuite filtrez. Cette solution s'altérant assez facilemant, a besoin d'être renouvelée de temps en temps.

Lorsque vous voudrez préparer du papier positif, il faudra faire toutes les manipulations qui vont suivre dans un appartement éclairé seulement par la lueur d'une bougie.

Vous verserez la solution de sel ci-dessus dans une cuvette ; ensuite vous appliquerez à plat, d'un côté seulement une feuille de papier fort que vous aurez eu soin de couper à la grandeur voulue et de marquer d'une petite croix au crayon, afin de reconnaître le côté qui aura été en contact avec les solutions dont nous allons parler. Vous laissez cette feuille sur le bain d'eau salée, afin qu'elle ait le temps de s'imprégner suffisamment. Il faudra la soulever une fois au moins au commencement de l'opération, pour s'assurer qu'il n'existe pas de petits globules d'air qui, n'étant pas détruits, formeraient des taches.

Quand vous jugerez votre feuille assez imprégnée, vous la retirerez de dessus ce bain et vous la sécherez entre les feuilles d'un cahier de papier buvard qui ne devra servir qu'à cet usage ; vous étiqueterez ce cahier : *Positif-sel.*

Lorsque votre feuille de papier n'accusera plus d'humidité, ce dont il faut bien vous assurer, non-seulement par le papier buvard, qui devra rester sec, mais encore par l'inspection de votre feuille qui devra être d'une couleur uniforme, sans accuser aucune trace d'eau, vous la déposeserez immédiatement sur le bain suivant pendant quatre minutes.

DEUXIÈME PRÉPARATION.

DEUXIÈME BAIN.

Eau distillée.	250 gr.
Nitrate d'argent cristallisé.	34 gr.

Faites dissoudre le nitrate d'argent dans l'eau distillée et filtrez. Cette préparation a besoin d'être conservée dans un flacon bouché à l'émeri et à l'abri de la lumière qui la noircirait.

Vous mettez cette dissolution d'argent dans une capsule en porcelaine et vous y appliquez votre feuille de papier du côté qui a été en contact avec l'eau salée. Vous aurez la précaution de soulever cette feuille de papier de temps en temps pour vous assurer qu'il n'y a pas de globules d'air qu'il faudrait détruire ; après quatre minutes, vous retirez cette feuille et la suspendez par un de ses angles à une épingle recourbée en crochet.

Il faut pour cette préparation l'obscurité la plus complète.

Quand le papier sera sec, vous le conserverez

en le mettant entre des feuilles de papier à filtrer et à l'abri de la lumière et de l'humidité.

Il ne faut pas préparer une trop grande quantité de papier positif à la fois; parce que, malgré toutes les précautions, il se colore après quelques jours de préparation.

REPRODUCTION DE L'ÉPREUVE.

La reproduction de l'épreuve négative est très-simple et n'offre aucune difficulté.

Vous commencez d'abord par nettoyer, avec un soin tout particulier, les deux glaces du châssis qui doit servir à cette reproduction ; lorsque vous vous serez assuré que les glaces sont parfaitement propres et surtout qu'elles sont exemptes de la plus petite trace de nitrate d'argent, vous procédez ainsi qu'il va suivre à cette opération.

Vous prenez l'épreuve négative et vous la posez sur une des glaces, le côté impressionné vous faisant face ; vous posez dessus le papier positif, le côté nitraté en contact avec le négatif ; vous appliquez dessus un morceau de papier noir, puis la seconde glace ; vous introduisez le tout dans le châssis dont vous baissez le volet et la traverse ; vous serrez un peu les vis de pression, afin que les

deux papiers ne soient pas déplacés pendant l'opération ; vous exposez ensuite le châssis à la lumière solaire, de manière à ce que le soleil frappe
en plein sur l'envers de l'épreuve négative.

Le temps de l'exposition varie de quinze à vingt
minutes suivant l'intensité de la lumière et sa
pureté.

On peut obtenir une épreuve positive à la lumière diffuse, mais alors il faudra prolonger
l'exposition beaucoup plus longtemps, et les résultats ne seraient pas aussi satisfaisants ; l'épreuve
positive aura toujours plus de vigueur si elle a
été obtenue par une vive lumière.

Pour juger des progrès de l'épreuve quelques
opérateurs laissent déborder un peu de papier
positif ; le papier prendra tour à tour diffé-
entes nuances passant depuis le gris et successivement au rose, lilas, violet, bleu, noir, vert
foncé et vert clair ; à cette dernière teinte, l'é-
preuve doit être bonne. Cependant, si on pouvait
ouvrir le châssis sans déranger les épreuves cela
serait préférable, on pourrait alors constater avec
certitude les progrès de l'opération.

Contrairement au conseil de certains opérateurs, je suis d'avis de ne pas pousser l'exposition
à son degré extrême, parce que les blancs de

l'épreuve deviendraient noirs et ne reprendraient jamais la teinte qu'ils devraient avoir.

Aussitôt que vous jugerez votre exposition à la lumière solaire, suffisante, vous retirerez votre portrait de la planchette et vous le mettrez dans une bassine plate remplie d'eau ordinaire ; vous pouvez y mettre toutes les épreuves que vous voulez reproduire, en ayant la précaution de changer l'eau qui devient laiteuse par les sels terreux qui se trouvent décomposés par le nitrate d'argent. Après un quart d'heure ou une demi-heure de séjour dans l'eau, vous retirez vos épreuves sans les égoutter et vous les plongez dans le bain suivant qui servira à les fixer.

TROISIÈME PRÉPARATION.

TROISIÈME BAIN.

Eau filtrée. 1 litre.
Hyposulfite de soude. 90 gr.

Vous faites dissoudre l'hyposulfite de soude dans l'eau, et, lorsqu'il est fondu, vous versez cette solution dans une cuvette; vous y plongez vos épreuves qui ne tarderont pas à prendre une nuance d'un vilain ton roux pour passer, long-temps après, à une autre nuance approchant de la couleur chocolat; et encore, pour atteindre cette nuance, faut-il que l'image soit bien vigou-reuse. Quand l'épreuve soumise à l'action de l'hy-posulfite de soude sera arrivée au point que vous désirerez, il faudra la retirer de ce bain, n'im-porte quel soit le temps qu'elle y aura séjourné et vous la plongerez de nouveau, tout impré-gnée de la solution d'hyposulfite de soude, dans un quatrième bain composé comme suit :

QUATRIÈME PRÉPARATION.

QUATRIÈME BAIN (1).

Eau ordinaire.	5oo gr.
Acide nitrique pur.	8 gr.

Mêlez ensemble les deux liquides et le bain est préparé.

Vous versez cette solution dans une capsule et vous y plongez votre épreuve qui change aussitôt de couleur pour arriver au plus beau noir si vous le désirez. Il faut surveiller attentivement votre portrait pour le retirer aussitôt qu'il aura atteint la nuance qui vous plaira. Si vous laissiez trop longtemps le portrait en contact avec cette eau acidulée, ou le portrait s'effacerait complétement, s'il était faible, ou deviendrait *flou* et recouvert d'une espèce de nuage d'un gris sale, ou bien encore reprendrait une vilaine teinte jaune souf-

(1) L'Académie des sciences a fait mention de ce procédé dans sa séance du 10 juin 185o.

frée très-désagréable à l'œil. Un peu d'habitude suffira pour faire apprécier l'avantage de cette précieuse découverte qui m'appartient.

Il se forme pendant cette dernière préparation de l'acide sulfureux qui se dégage et qui forme un sulfure d'argent qui donne des tons noirs à l'épreuve.

Il faut renouveler souvent ce bain qui devient laiteux et rempli d'un dépôt de sulfure noir d'argent qu'il faut avoir la précaution de ne pas laisser séjourner dans le bain. Quand le portrait a pris la nuance que vous désirez, vous le mettez de nouveau dans une capsule d'eau ordinaire pour bien le laver et le débarrasser de l'acide qui, sans cette précaution, réagirait encore longtemps après ; on le sèche ensuite entre les feuilles d'un cahier de papier buvard qui ne servira qu'à cet usage et qui sera appelé, *positif-acide*.

L'épreuve ainsi fixée n'a plus rien à redouter de la lumière et même de la majeure partie des agents chimiques : il n'y a que le deuto-chlorure de mercure (sublimé corrosif), ou un autre agent plus puissant encore, le cyanure de potassium, qui puissent effacer complétement l'image.

C'est un excellent réactif pour reconnaître si une épreuve est retouchée ; car en la plongeant dans une solution de ce sel, toutes les parties composées de sels d'argent se dissolvent et disparaissent en laissant subsister l'encre de Chine ou la sépia dont on pourrait s'être servi pour la retoucher.

Cet agent chimique servirait encore à faire reconnaître la fraude, dans le cas où il prendrait envie à des malfaiteurs de reproduire des billets de banque.

USTENSILES NÉCESSAIRES [1].

Deux capsules en porcelaine pour l'acéto-nitrate
et les acides, etc. ;

Deux capsules en fayence pour les lavages ;

Un pinceau plat en poil de martre ;

Un support en cuivre pour l'acide gallique avec
pieds à vis pour mettre les épreuves de niveau
au sortir de la chambre noire ;

Un châssis à reproduction muni de deux fortes
glaces et de deux vis de pression ;

Une baguette cylindrique en verre de la grosseur
du petit doigt, et de trente-cinq centimètres
de longueur ;

Deux cartons pour renfermer les épreuves ;

Dix flacons bouchés de la contenance d'un demi-
litre environ ;

(1) On trouve tous les ustensiles et les produits chimiques
nécessaires chez MM. Wulff et C°, rue Rambuteau, 38.

Trois cahiers de papier buvard rose ;
Trois entonnoirs en verre ;
Une ou deux mains de papier à filtrer ;
Une petite balance avec ses poids.

PRODUITS CHIMIQUES.

Iodure de potassium ;
Bromure de potassium ;
Fluorure de potassium ;
Cyanure de potassium ;
Ammoniaque liquide ;
Alcool rectifié à 36° ;
Nitrate d'argent cristallisé ;
Acide acétique cristallisable ;
Acide gallique ;
Chlorure de sodium pur ;
Hyposulfite de soude ;
Acide nitrique pur ;
Et enfin de l'eau distillée.

TROISIÈME PARTIE.

DU VERRE

ET DE SES DIVERSES PRÉPARATIONS POUR OBTENIR DES IMAGES PHOTOGRAPHIQUES.

Si M. Talbot est l'inventeur de la photographie sur papier, M. Niepce de Saint-Victor est l'inventeur de la photographie sur verre ; c'est donc à lui que revient tout l'honneur de ce nouveau procédé qui est appelé, avec le temps, à donner des résultats parfaits.

Que les photographistes qui veulent sincèrement le progrès de cette immortelle découverte publient sans réticence le résultat des modifications qu'ils apporteront à ce procédé, et nous verrons bientôt la photographie arriver triomphalement au premie rang des arts. On peut espérer beaucoup du verre lorsqu'on a vu les progrès qu'a faits la plaque de jour en jour, et les beaux résultats qu'on obtient maintenant.

Le verre, par sa transparence et par l'homogénéité de ses surfaces, était bien réellement le corps le plus apte à recevoir une couche de matière sensible à la lumière; mais la plus grande difficulté était de trouver une substance quelconque qui pût y adhérer, sans se dissoudre dans des bains où l'eau joue un grand rôle.

On avait essayé tour à tour, et moi-même le premier, l'emploi de la gélatine, de l'ichtyocolle, de certains mucilages, du caséum dissous dans l'ammoniaque, du sérum, etc., etc. Chacun de nous a produit, avec ces diverses substances, des épreuves plus ou moins belles dont quelques-unes ont mérité la bienveillance de l'Académie des sciences et celle du public toujours avide de nouveautés, parce qu'il espère et recherche le progrès; mais tous ces procédés laissaient beaucoup à désirer.

Il appartenait à M. Niepce de Saint-Victor d'avoir le premier l'heureuse pensée que l'albumine à la température ordinaire pouvait dissoudre l'iodure de potassium, ensuite s'étendre sur des feuilles de verre, y adhérer en séchant, et devenir insoluble lorsqu'elle avait été portée à un haut degré de chaleur. A lui donc le mérite et la gloire du procédé, et à nous autres photographistes la tâche de le faire progresser.

CHOIX DU VERRE.

Il faut choisir des glaces minces sans globules
ni raies autant que possible, dont la nuance soit
blanche plutôt que verdâtre ; on les fait couper
de la grandeur voulue pour qu'elles puissent entrer aisément dans le châssis de l'appareil qu'on a.
On les lave avec de l'eau dans laquelle on a fait
dissoudre quelques grammes de potasse du commerce pour les dégraisser, ensuite on les lave
à l'eau ordinaire et on les sèche avec un linge de
toile. Toutes ces précautions étant prises, la glace
est apte à recevoir la couche des diverses substances indispensables à la formation de l'image
photographique.

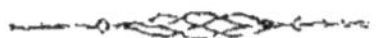

PRÉPARATION DE L'ALBUMINE.

SON APPLICATION SUR LE VERRE.

Il faut prendre huit œufs frais, autant que possible, en retirer les jaunes et ne conserver que les blancs qu'on fouettera avec un petit balai d'osier jusqu'à ce qu'ils soient convertis en une masse de mousse blanche. On les laissera en cet état pendant environ sept à huit heures; après ce temps on enlèvera l'écume et on procédera de la manière suivante :

On prendra :

Albumine.	125 gr.
Miel de Narbonne.	4 gr.
Iodure de potassium.	8 gr.
Fluorure de potassium.	1 gr.

On ajoutera ces trois substances à l'albumine et on laissera fondre. Quand la solution sera complète, on prendra les feuilles de verre qu'on veut enduire de cette préparation , on les approchera du feu pour les chauffer légèrement ; ensuite on les mettra sur le support en cuivre dont j'ai précédemment parlé, et à l'aide d'un fort pinceau en poil de martre, on étendra d'abord une forte couche de ce mélange en ayant le soin de faire disparaître les globules d'air qui se formeraient. Il faudra faire en sorte que la couche superposée sur la glace soit uniforme autant que faire se pourra. Cela fait, on laissera sécher à plat et à l'abri de la poussière ces feuilles de verre. Quand elles seront sèches, on appliquera de nouveau et de la même manière une nouvelle couche qu'on laissera sécher comme la première ; on peut en mettre une troisième sans inconvénient. Toutes ces couches étant successivement sèches, on rendra l'albumine insoluble en soumettant les glaces à une chaleur de 80 degrés environ, soit devant un bon feu, soit dans une bassine en cuivre que l'on met au-dessus d'un vase d'eau bouillante comme le conseille M. Legray. Vous obtiendrez le même résultat en déposant chaque verre à plat sur une couverture de laine appliquée sur une table, le côté albuminé vous faisant face ; vous recouvrez ce côté d'une feuille de papier blanc, ensuite d'un morceau de mérinos noir, et à l'aide d'un fer chaud, vous rendez l'albumine insoluble en le promenant à plusieurs reprises sur la surface du mérinos. On fera attention que le fer ne soit pas chaud au point de roussir l'étoffe.

Les feuilles de verre ainsi préparées peuvent se conserver très-longtemps, pourvu qu'elles soient à l'abri de l'humidité et de la poussière : elles sont prêtes alors à recevoir la préparation suivante, qui leur procurera la sensibilité nécessaires pour être exposées à l'action de la lumière de la chambre noire.

BAIN

D'ACÉTO-NITRATE D'ARGENT.

SENSIBILITÉ DU VERRE.

On prend :

Eau distillée.	250 gr.
Nitrate d'argent.	34 gr.
Acide acétique cristallisable.	45 gr.

On ajoute l'azotate d'argent à l'eau distillée ; quand la solution est complète, on verse l'acide acétique, on laisse reposer et on filtre cette liqueur. Lorsqu'elle est ainsi préparée, on la verse dans une cuvette carrée en porcelaine assez grande pour pouvoir contenir la glace albuminée. On prend alors le verre dont on veut se servir, on fait disparaître les parcelles de poussière qui pourraient adhérer à sa surface, et on le plonge d'un seul coup, autant que possible, dans ce bain, le côté impressionné toujours faisant face ; on laisse cette feuille de verre en contact avec l'acéto-azotate d'argent pendant quatre à cinq minutes ; après on la retire et on la laisse égoutter sur un de ses angles dans un endroit éclairé seulement par la lueur d'une bougie ; quand le verre est égoutté, on le met dans le châssis et on l'expose à la chambre noire.

Le temps d'exposition variera entre une à cinq minutes avec un appareil à un long foyer. L'habitude de manipuler apprendra bientôt à l'opérateur le temps nécessaire pour la réussite de l'image qu'il voudra obtenir.

Il est nécessaire que le verre albuminé soit immergé d'un seul trait dans l'acéto-nitrate. M. Legray conseille un appareil à cet effet qui atteint parfaitement le but. C'est tout simplement une boîte plate formée de fortes glaces ; on remplit cette boîte aux deux tiers d'acéto-nitrate d'argent et on y laisse tomber la glace albuminée en ayant soin qu'il n'y ait pas de temps d'arrêt. On trouve dans le commerce des conserves plates en verre qui peuvent rendre le même service.

APPARITION DE L'IMAGE.

PAR L'ACIDE GALLIQUE.

Quand on juge le temps d'exposition à la chambre noire suffisant, on retire le châssis, on le porte dans le cabinet noir où a eu déjà lieu la préparation ci-dessus. Alors on retire la glace, on la pose sur le support en cuivre, et à l'aide d'un pinceau plat en poil de martre, trempé dans l'eau saturée d'acide gallique, on fait apparaître l'image en le promenant bien uniformément sur toute la surface du côté impressionné par la lumière. L'image, d'abord invisible, finit par apparaître lentement jusqu'à ce qu'enfin elle ait acquis toute la vigueur dont elle a besoin.

Il faut faire réagir l'acide gallique à plusieurs reprises et pendant assez de temps ; on peut abandonner cette épreuve à elle-même pendant qu'on préparera une autre feuille de verre ; il faut cependant la surveiller pour ne pas laisser passer au gris ou au noir les parties qui doivent rester blanches.

Quand l'image a pris toute la vigueur désirable, on la plonge dans une cuvette remplie d'eau ordinaire qu'il faut renouveler aussitôt qu'elle a pris une nuance laiteuse ; ensuite on peut la laisser dans une seconde eau jusqu'au moment du fixage, qui doit avoir lieu de la manière dont il va être parlé ci-après.

FIXAGE

DE L'IMAGE PHOTOGRAPHIQUE

SUR LA PLAQUE DE VERRE.

On retire la feuille de verre et on l'immerge pendant un quart d'heure dans la solution suivante :

Eau distillée.	5oo gr.
Bromure de potassium.	2o gr.

Après ce temps d'immersion, on la lave dans un autre vase rempli d'eau et on la laisse sécher; elle peut, en cet état, servir à la reproduction d'un très-grand nombre d'épreuves positives. On se servira, à cet effet, du papier préparé avec les bains dont j'ai donné la composition à la deuxième partie de cet ouvrage en parlant du papier positif.

Voici une autre préparation de l'albumine qui,
quoique ne donnant pas autant de rapidité dans
la formation de l'image à la chambre noire, n'en
est pas moins bonne pour des vues ou pour la reproduction de la nature inanimée.

Albumine.	125 gr.
Iodure de potassium.	8 gr.
Chlorure de sodium.	1 gr.
Miel de Narbonne.	4 gr.

PROCÉDÉ

POUR OBTENIR DES FONDS BLANCS.

Si vous voulez un fond bien blanc à votre portrait positif, il faut recouvrir l'épreuve négative du côté de l'image d'un papier rose de la même dimension que le portrait; vous les faites adhérer ensemble par leurs bords supérieurs au moyen d'un peu de colle à bouche ou de colle de farine; il est bien entendu que l'adhérence n'aura lieu que par les bords du papier rose et de l'épreuve négative dans une largeur d'un demi-centimètre seulement; deux pains à cacheter seraient suffisants, un à chaque angle supérieur. Ces dispositions étant terminées, vous appliquez les deux feuilles de papier sur une vitre, de manière à pouvoir distinguer le portrait en transparence; il faut bien faire attention que le dos de l'épreuve négative porte sur la vitre et que le papier rose soit de votre côté. Alors vous prenez un crayon et vous marquez tous les contours du portrait et des objets que vous voulez reproduire ; cela fait, vous enlevez, en la découpant avec des ciseaux, toute la partie que vous aurez tracée, de manière à ne mettre en contact avec le papier positif que le portrait et les accessoires que vous voudrez qui paraissent. Tout le reste sera recouvert d'un papier rose qui, interceptant la lumière, vous donnera partout un fond qui sera d'autant plus blanc que vous aurez mis le papier plus fort ; il ne faut pas cependant qu'il soit épais au point de ne pas pouvoir suivre les contours du portrait avec un crayon.

Lorsque vous voudrez un fond légèrement teinté, vous vous servirez, de la même manière, d'un papier rose, mais beaucoup plus transparent.

Ne cirez jamais vos épreuves négatives si vous voulez obtenir de la vigueur et de beaux blancs ; vous pouvez les repasser avec un fer chaud pour bien les unir avant de les revêtir de leurs chemises de papier rose ou blanc.

J'ai fait bien des expériences avec les procédés publiés par d'habiles praticiens, et je suis convaincu qu'on reconnaîtra au mien une supériorité incontestable dans la manipulation et dans la beauté des résultats.

Avec un peu de soins, je peux garantir qu'on obtiendra un très-beau portrait à chaque fois, ce dont on n'était pas assuré en suivant les méthodes connues jusqu'à ce jour.

PHOTOGRAPHIE

SUR PLAQUES MÉTALLIQUES.

DU POLISSAGE.

Le polissage est la première opération du daguerréotype sur plaque ; c'est de là que dépend très-souvent la réussite.

On se sert pour le polissage :

1° D'alcool rectifié à 36 degrés ;

2° D'essence de lavande ;

3° De coton extra-fin exempt de corps durs qui pourraient rayer la plaque ;

4° De tripoli porphyrisé ;

5° De rouge anglais extra-fin ;

6° Et de deux polissoirs en peau de daim.

Le polissage est divisé en deux parties : le décapage et le bruni.

4

DU DÉCAPAGE.

On devra, avant de procéder au poli, abattre les bords de la plaque et aplatir les coins au moyen d'une pince, pour éviter d'arracher la peau du polissoir, lors de l'opération du bruni.

On fixe la plaque, en introduisant successivement les coins dans les quatre petites oreilles plates de la planchette à polir; on la saupoudre de tripoli qu'on délaye avec de l'alcool, puis avec un tampon de coton bien fin, on la frotte concentriquement; on l'essuie ensuite avec un autre tampon de coton. On reconnaît que la plaque est bien décapée lorsque le souffle condensé dessus ne laisse apercevoir aucun défaut.

L'alcool est donc suffisant pour décaper les plaques neuves; il est employé aussi, toujours avec le tripoli, pour faire disparaître la couche d'iode et de brome sur des plaques qui auraient été exposées à la lumière sans résultat.

L'essence de Lavande ne doit être employée que pour annuler complétement une image qui aurait été fixée au chlorure d'or, ou pour chasser les impuretés qui auraient résisté à l'action de l'alcool.

Lorsque la plaque est parfaitement propre et bien séchée, elle est disposée à recevoir le bruni.

DU BRUNI.

Ce sont les polissoirs qui donnent le bruni;
avant de pouvoir s'en servir avec succès, ils devront être frottés pendant quelque temps sur une
plaque d'argent; cela a pour effet de détruire la
matière grasse dont la peau est imprégnée; ils
devront être tenus à l'abri de la poussière et de
l'humidité et nettoyés avec une brosse bien propre toutes les fois qu'on voudra s'en servir.

On met du rouge d'Angleterre sur l'un des polissoirs, on frotte la plaque en tous sens; les derniers coups se donnent en travers de l'objet à
reproduire; on cesse lorsqu'elle a pris un beau
bruni noir; elle sera achevée avec l'autre polissoir sur lequel on ne devra point mettre de
rouge.

DE LA COUCHE SENSIBLE.

La boîte jumelle est garnie de deux capsules, l'une desquelles doit contenir de l'iode et l'autre du bromure de chaux ou du chloro-bromure de chaux; elle est munie d'un châssis à coulisse qui porte la plaque alternativement sur l'une ou sur l'autre substance.

Lorsque le polissage est terminé, on porte la plaque à l'endroit où se trouve la boîte à préparation, et avant de la poser sur le châssis à coulisse, on l'essuie légèrement avec une pincée de coton pour en faire tomber les grains de poussière qui s'y seraient attachés; on l'expose aux vapeurs de l'iode en tirant le verre dépoli qui ferme la capsule; on l'y laisse jusqu'à ce qu'elle ait pris la teinte jaune d'or foncé, ce que l'on voit en faisant réfléter un papier blanc sur la plaque. Il sera bon de la retourner de temps en temps pour que la préparation se fasse d'une manière uniforme ; on la transporte alors sur le bromure de chaux en faisant glisser le châssis dans sa rainure ; on lui fait prendre la teinte lilas ; on la remet de nouveau sur l'iode, et on l'y laisse le tiers du temps qu'elle y est restée la première fois. (Si on opère avec le chloro-bromure de chaux, on prolonge un peu plus le second iodage.) On doit alors préserver la plaque de la lumière, car elle agirait d'une manière fâcheuse sur la couche sensible. Dès qu'elle aura subi le dernier iodage, on ne devra plus la regarder.

EXPOSITION A LA LUMIÈRE.

La plaque est prête alors à recevoir l'impression de la lumière ; elle sera enfermée dans le châssis à épreuve et placée le plus tôt possible dans la chambre noire ; mais il faudra auparavant procéder à la mise au point ou au foyer ; cette opération se fait au moyen du tiroir de la chambre noire ou de la crémaillère de l'objectif ; on est assuré d'avoir trouvé le foyer lorsque les plus petits détails de l'image viennent se reproduire avec la plus grande netteté sur la glace dépolie ; ceci est de la plus grande importance : toute image qui ne serait pas au foyer serait molle et confuse.

On ne peut pas déterminer le temps que doit durer l'exposition à la lumière, à l'air et par un beau temps de 3 à 4 secondes, par un temps couvert de 8 à 12 ; dans un appartement bien éclairé et bien disposé, il faudra le double de temps. On devra toujours se garantir du soleil pour opérer.

Lorsque l'exposition à la lumière n'a pas été suffisante, l'épreuve sera noire ; elle est au contraire blanche et presque effacée, quand l'exposition s'est trop prolongée.

EXPOSITION

AUX VAPEURS MERCURIELLES.

———

Lorsque l'on juge l'exposition à la lumière suffisante, on ferme le châssis, on retire la planchette
qui porte la plaque, au milieu de la plus grande
obscurité et à la lueur d'une bougie ; on place la
plaque dans la chambre à mercure et on l'y laisse
4 minutes. On chauffera le mercure de 45 à 50
degrés pour un appareil 1/4 de plaque et 55 à 60
pour une 1/2 plaque ; on maintiendra le thermo-
mètre à ce degré pendant toute la durée de l'opération ; on peut alors regarder l'épreuve à la
lumière.

LAVAGE A L'HYPOSULFITE DE SOUDE.

FIXAGE AU CHLORURE D'OR.

Si l'épreuve est assez bonne pour être conservée, on la retire de la planchette avec précaution et on la plonge d'un seul trait dans la dissolution d'hyposulfite de soude qui aura été préalablement versée dans une bassine destinée à cet usage; on l'y laisse jusqu'à ce que toute la teinte violette soit partie. On remet l'hyposulfite dans son flacon, on lave l'épreuve à l'eau filtrée pendant deux fois; on la pose sur le support à chlorurer qu'on met de niveau au moyen de trois vis adaptées au pied du support; on verse sur l'épreuve une assez grande quantité de chlorure d'or et au moyen d'une forte lampe à esprit-de-vin, on chauffe la plaque jusqu'à ce que les blancs de l'épreuve soient bien tranchés et que l'image ait acquis une grande vigueur.

On remet la plaque dans l'eau distillée, on la lave et on la sèche rapidement avec la lampe qui a servi à chlorurer. Si le séchage n'était pas fait avec promptitude, la plaque se marbrerait de larges taches; il faudrait alors la remettre dans l'eau et la sécher de nouveau.

On ne doit jamais employer une vieille dissolution de chlorure d'or.

DISSOLUTION

D'HYPOSULFITE DE SOUDE.

Faites dissoudre 125 grammes d'hyposulfite de soude dans 1,000 grammes (un litre) d'eau ordinaire; lorsque tout le sel est dissous, filtrez la dissolution et ajoutez-y 18 grammes d'alcool rectifié à 36 degrés.

DISSOLUTION

DE CHLORURE D'OR.

Prenez 1,000 grammes d'eau parfaitement distillée et divisez-la en deux parties à peu près
égales; dans une partie, faites dissoudre 3 grammes 50 centigrammes d'hyposulfite de soude et
filtrez; dans la deuxième partie d'eau, faites dissoudre 1 gramme chlorure d'or solide, neutre;
versez ensuite petit à petit la dissolution de chlorure d'or dans celle d'hyposulfite, en ayant soin
d'agiter constamment le flacon qui doit contenir
le tout.

Si on versait la dissolution d'hyposulfite dans
celle de chlorure d'or, on aurait un précipité.

DES COULEURS.

C'est lorsque l'épreuve est parfaitement fixée au chlorure d'or qu'on procède à l'application des couleurs.

On commence par mettre une très-petite quantité de la couleur qu'on veut employer sur du papier, on l'écrase avec un couteau, on en prend un peu avec un petit pinceau bien propre et bien sec, et on l'applique légèrement et avec précaution sur les parties que l'on veut colorier; on enlève ensuite l'excès avec un autre pinceau sec, jusqu'à ce qu'il ne reste sur la plaque que ce qui est utile pour donner la teinte voulue sans cacher les détails; pour fixer la couleur on fait condenser l'haleine dessus ou bien on expose la plaque à la vapeur d'un vase contenant de l'eau chaude; on peut alors recommencer avec une

autre couleur et ainsi de suite : on doit généralement éviter d'en mettre sur les parties noires.

Le blaireau contenu dans la boîte est destiné
à enlever la poussière qui pourrait tomber sur la
plaque pendant le coloriage.

Pour se servir de l'or et de l'argent contenu
dans les godets on devra mouiller très-légèrement
le pinceau.

APPENDICE.

PHOTOGRAPHIE SUR PAPIER.

ACADÉMIE DES SCIENCES.

SÉANCE DU 27 MAI.

Moyen d'obtenir l'image à la chambre noire sur papier sec, par M. BLANQUART-ÉVRARD (de Lille).

C'est à rendre l'exécution de la photographie sur papier, simple, sûre et facile pour les personnes les moins expérimentées dans les manipulations chimiques, que doivent tendre les efforts des hommes qui veulent faire arriver cet art à sa plus utile application dans l'économie industrielle. La première condition pour entrer dans ce nouvel ordre de choses, c'est de dégager l'opération des soins qu'elle exige lors de l'exposition ; nous ouvrons la voie en donnant ici :

1° Le moyen d'opérer sur papier sec, au lieu de papier mouillé, débarrassant l'opérateur des préparations difficiles qu'il avait à faire sur les lieux de l'exposition ;

2° Une préparation tellement simple de ce papier photogénique, que le commerce puisse le fabriquer et le livrer tout prêt à l'amateur qui ne veut pas prendre le soin de le préparer lui-même.

Les papiers préparés par les moyens décrits jusqu'ici ne pouvaient pas être amenés à l'état sec sans prendre ensuite, sous l'action de l'acide gallique, une coloration uniforme qui ensevelissait l'image photogénique en la faisant disparaître complétement. Le sérum a la propriété de parer à cet inconvénient ; on procédera donc de la manière suivante à la préparation.

On recueillera, en la faisant filtrer, la partie claire du lait qu'on aura fait tourner ; on battra dans ce sérum un blanc d'œuf par demi-litre, puis on fera bouillir afin d'entraîner toutes les matières solides, et on filtrera de nouveau ; après quoi on fera dissoudre à froid 5 pour 100 en poids d'iodure de potassium. Le papier qu'on voudra préparer sera choisi très-épais, et plongé entièrement dans cette substance pendant deux minutes, ensuite séché en le pendant, au moyen de deux épingles, par les deux coins, à un cordon tendu horizontalement.

Cette préparation se fait à la lumière du jour, sans aucune précaution particulière ; le papier est bon à l'instant même, comme six mois après, et très-certainement beaucoup plus tard encore. Lorsque l'on est pour s'en servir, on le soumet à une seconde préparation, qui se fait alors à la lumière d'une bougie et dans le temps le plus proche possible de l'exposition ; il est encore cependant propre à donner de bons résultats plusieurs jours après, en évitant alors, autant que possible, de le laisser à une haute température.

On procède donc pour cette préparation comme nous l'avons décrit dans notre communication du mois de janvier 1847, en couvrant une glace d'acétonitrate d'argent composé de 1 partie de nitrate d'argent, 2 parties d'acide acétique cristallisable et 10 parties d'eau distillée. On dépose sur cette substance une des faces du papier, qu'on laisse s'imbiber jusqu'à ce qu'il devienne parfaitement transparent, ce dont on s'assure en le soulevant et le regardant à travers la bougie; après quoi on sèche entre plusieurs feuilles de papier buvard bien blanc (le papier des imprimeurs est très-convenable), et on le laisse dans ce cahier jusqu'au moment où on le place dans le châssis, derrière une feuille de papier bien propre et sèche et entre deux glaces, comme dans l'opération mouillée précédemment décrite.

L'exposition à laquelle on procède plus tard, ou le lendemain, varie, en raison de la lumière et de la puissance des objectifs, d'une à cinq minutes.

De retour chez soi, on dépose la partie du papier qui a été présentée à la lumière, sur une couche d'acide gallique saturée, en ayant soin de garantir l'envers de toute trace d'acide gallique qui viendrait le tacher. L'image se forme peu à peu, et finit par acquérir des tons aussi puissants qu'on puisse le désirer. Elle est alors lavée à grande eau, puis passée dans une solution composée de 1 partie de bromure de potassium et 20 parties d'eau, afin de dissoudre les sels d'argent non réduits, puis lavée de nouveau pour enlever toute trace de ce bromure, dont l'action se continuant détruirait l'image, et enfin séchée entre plusieurs feuilles de papier buvard.

Préparation du papier sec à l'albumine.

Le papier préparé par l'albumine a des propriétés analogues à celles du sérum, mais à un degré inférieur; comme lui, il se conserve bon indéfiniment après la préparation à l'iodure; mais après avoir été soumis à l'acétonitrate d'argent, il ne va guère au delà du lendemain. Les épreuves que donne la préparation que nous allons décrire sont admirables; moins fines que celles sur verre, elles ont plus de charmes, parce que les oppositions sont moins tranchées et qu'on y trouve plus d'harmonie et de suavité. Nous pensons que c'est une véritable conquête pour ceux qui cherchent les effets de l'art dans les résultats de la photographie.

On bat en neige des blancs d'œufs dans lesquels on a versé trente gouttes d'une dissolution saturée d'iodure de potassium, et deux gouttes d'une dissolution saturée de bromure de potassium par chaque blanc d'œuf. On laisse reposer jusqu'à ce que la neige rende l'albumine à l'état liquide; on filtre alors à travers un papier de soie ou de la mousseline claire, en recueillant l'albumine dans un grand vase bien plat. On dépose sur la couche le papier qu'on veut préparer, et on l'y laisse quelques minutes. Lorsqu'il est empreint d'albumine, on le soulève par un des coins, et on laisse égoutter et sécher en le pendant par un ou deux angles à un cordon tendu.

La préparation sur l'acétonitrate est, en tout point, conforme à celle décrite plus haut pour le papier préparé au sérum; on aura soin de ne sécher entre deux papiers buvards que lorsque le papier aura acquis une transparence complète. La mise dans le châssis pour l'exposition se fait de la même manière, de même que la venue de l'image à l'acide gallique et le reste de l'opération ; mais l'exposition exige plus de temps, quatre à cinq minutes généralement.

Préparation du papier positif à l'albumine.

Le papier positif préparé à l'albumine donne des épreuves quelque peu luisantes, mais d'un ton plus riche et d'une finesse et d'une transparence beaucoup plus agréables ; on le prépare de la manière suivante :

On verse dans des glaires d'œufs 25 pour 100 (en poids) d'eau saturée de chlorure de sodium (sel de cuisine bien blanc). On traite les œufs en neige, et l'on filtre comme dans la préparation précédente ; seulement ici on ne laisse le papier sur l'albumine qu'une demi-minute. On le pend alors pour le sécher, ce qui a lieu en six ou huit minutes ; on le dépose ensuite sur un vase contenant 25 parties de nitrate d'argent et 100 parties d'eau distillée. Le papier est laissé sur le bain au moins six minutes, ensuite séché à plat, comme nous l'avons décrit dans notre communication précitée du mois de janvier 1847.

PHOTOGRAPHIE SUR GÉLATINE.

ACADÉMIE DES SCIENCES.

SÉANCE DU 27 MAI.

Moyens d'obtenir des épreuves négatives très-nettes et très-transparentes, pouvant être reportées un grand nombre de fois sur le papier photographique ordinaire.

(Extrait d'un mémoire de M. A. Poitevin.)

Pour préparer la couche de gélatine sur laquelle je fais mes épreuves négatives, je dissous dans 100 grammes d'eau, 6 grammes de gélatine de bonne qualité (celle que l'on rencontre dans le commerce et qui sert à préparer les gelées alimentaires, m'a le mieux réussi). Cette colle ne doit pas contenir de sels solubles dans l'eau; elle doit être aussi, le plus possible, privée de matières grasses. Pour faire la dissolution, je mets tremper la gélatine dans de l'eau distillée pendant dix à quinze minutes; je chauffe lentement à la lampe à alcool, et j'agite continuellement jusqu'à ce que la dissolution soit complète. S'il s'est formé de l'écume, je l'enlève avec soin au moyen de morceaux de papier joseph, que je promène à la surface; je passe à travers un linge bien serré, mouillé à l'avance, et j'écume de nouveau la surface où il s'est formé quelques stries provenant, sans doute, de matières grasses qui ont échappé au premier écumage.

La gélatine ainsi préparée, j'en prends avec une pipette graduée une quantité déterminée, et je la coule sur une plaque de verre bien plane et placée horizontalement; une couche de $1^{mm},50$ est suffisante; cette quantité équivaut à peu près à 20 centimètres de dissolution pour une surface de demi-plaque ayant $13^c,5$ sur $17^c,5$. Une épaisseur plus grande ne serait pas nuisible, mais une plus faible pourrait avoir quelques inconvénients.

Avant de couler la gélatine sur la plaque de verre, on applique à la surface de celle-ci une première couche au moyen d'un linge imprégné d'une dissolution de gélatine, un peu plus étendue que la précédente; ensuite, on chauffe légèrement la plaque de verre au moyen d'une lampe à alcool; puis on coule la dissolution de gélatine, qui s'étend alors uniformément sur la plaque. On chauffe de nouveau, mais avec modération, le dessous de la plaque de verre pour rendre de la fluidité à la gélatine, et on l'abandonne au refroidissement.

La plaque ainsi préparée, je la plonge dans une dissolution d'acétate d'argent, en tenant la surface recouverte de gélatine en dessous et l'inclinant dans la dissolution jusqu'à ce que celle-ci l'ait mouillée complétement; je retourne alors la plaque de verre, et je l'immerge complétement dans la dissolution; alors je passe à plusieurs reprises et en différents sens un pinceau très-doux sur toute la surface gélatinée, pour chasser les bulles d'air qui pourraient y rester adhérentes ; et avant de la retirer, je souffle sur la surface pour reconnaître si la dissolution l'a mouillée partout. Je retire alors la plaque, et, en la tenant un peu inclinée, je passe le pinceau qui m'a servi précédemment sur toute la surface, en ayant soin de recouvrir le bord du passage précédent par le bord du passage suivant. J'essuie ensuite le dessous de la plaque, et je la place horizontalement jusqu'à ce que la surface se soit ressuyée, ce qui exige cinq à six heures.

Je prépare ordinairement les plaques le soir lorsque je veux m'en servir le lendemain matin, et le matin lorsque je veux m'en servir le soir. Il est important qu'il n'y ait plus de liquide libre à la surface de la plaque lorsqu'on veut l'employer, car la préparation s'enlèverait aux endroits où il en existerait encore. On doit faire cette préparation à l'abri de la lumière solaire. La plaque recouverte de dissolution d'acétate d'argent ne doit pas non plus voir le jour.

La dissolution d'acétate d'argent se prépare en faisant une dissolution saturée d'acétate d'argent, à laquelle on ajoute la moitié de son volume d'eau. En admettant que 100 parties d'eau dissolvent, à la température ordinaire, $0^{gr},5$ d'acétate d'argent, pour préparer $0^{lit},750$ de la dissolution dont je me sers, je dissous $2^{gr},5$ d'acétate de soude dans 15 grammes d'eau ; je dissous également $3^{gr},03$ d'azotate d'argent dans 10 grammes d'eau ; j'ajoute la dissolution d'azotate d'argent à la dissolution d'acétate de soude, et je reçois l'acétate d'argent qui s'est précipité sur un filtre. Je lave ce précipité à cours d'eau, puis je fais passer à plusieurs reprises sur

. le filtre $0^{lit.}$,50 d'eau ; la presque totalité de l'acétate devra être dissoute ; j'ajoute ensuite $0^{lit.}$,25 au demi-litre de dissolution saturée.

Dans cette opération, il s'est formé 3 grammes d'acétate d'argent ; les $0^{lit.}$,75 ne devraient en contenir que $2^{gr.}$50, mais j'en mets un peu plus pour tenir compte de ce qui s'en va dans l'eau des dissolutions et celle de lavage. L'acétate d'argent étant facilement altéré par la lumière solaire, je fais, autant que possible, cette dissolution dans un endroit peu éclairé. Je la conserve dans un flacon recouvert de papier noir, et je la filtre chaque fois que je m'en suis servi.

J'expose à la vapeur d'iode la plaque préparée comme ci-dessus de la même manière qu'une plaque de plaqué ; seulement, pour cette exposition, on doit tenir compte du temps, car on ne peut juger la teinte de la surface ; seulement le temps d'exposition est plus court que pour les plaques d'argent. La plaque iodée est placée dans le châssis de la chambre noire, et alors je recouvre le côté non gélatiné d'un carton recouvert de drap noir. Il est bon de mettre quelque temps d'inter-valle entre le passage à l'iode et l'exposition au foyer de la chambre noire ; la plaque gagne par là de la sensi-bilité. J'ai plusieurs fois employé des plaques cinq ou six heures après le passage à l'iode ; elles n'avaient rien perdu de leur propriété impressionnable.

La sensibilité de ces plaques est environ quatre fois moindre que celles de plaques préparées à l'iode et au brome. Pour un paysage bien éclairé et avec objectif à petit diaphragme, l'exposition à la chambre noire peut exiger quatre-vingt à cent secondes ; les portraits à l'ombre bien éclairée peuvent se faire en deux minutes avec l'ob-

jectif à portraits. J'ai essayé l'effet de la vapeur de
brome sur ces plaques, et j'ai reconnu qu'elle les ren-
dait plus impressionnables. Je n'ai pas assez fait d'expériences pour avoir, à ce sujet, des données certaines.

Pour faire apparaître l'image, je plonge la plaque
dans une dissolution d'acide gallique contenant 0^{gr},1
d'acide gallique pour 100 gr. d'eau; je laisse venir l'é-
preuve jusqu'à ce que les noirs me semblent assez intenses. Cette immersion peut durer une heure ou une
heure et demie; avec une dissolution plus concentrée
d'acide gallique, elle durerait moins, mais il serait plus
difficile de régler son action. Dans les premiers mo-
ments d'immersion, il se forme une image positive à la
surface de la gélatine. Cette image devient de plus en
plus sombre; mais, vue par transparence, les parties
correspondantes aux noirs de la nature restent très-
claires.

Pour fixer l'épreuve, on la lave à l'eau ordinaire; on
la laisse ensuite immergée pendant quinze minutes environ dans une dissolution de 1 gr. d'hyposulfite de
soude dissous dans 100 gr. d'eau; on la lave de nouveau
à l'eau ordinaire, et on la plonge pendant le même
temps dans une dissolution de 1 gr. de bromure de potassium pour 100 gr. d'eau.

Je lave l'épreuve à l'eau ordinaire, et je l'y laisse séjourner quinze ou vingt minutes; puis je lave à l'eau
distillée et je laisse sécher la couche de gélatine à l'air
libre. On a alors une épreuve négative très-nette, qui
peut donner des épreuves positives avec le papier photographique ordinaire, au soleil, en deux ou dix minutes, suivant la vigueur de l'épreuve négative; à
l'ombre, elle vient aussi très-bien.

Il est bon de renouveler, à chaque opération, les dissolutions d'acide gallique, d'hyposulfite de soude et de bromure de potassium.

Dans cette opération, si l'on remplace la dissolution d'acide gallique par une dissolution de sulfate de protoxide de fer, on obtient de très-belles épreuves positives.

ACADÉMIE DES SCIENCES.

SÉANCE DU 17 JUIN 1850.

Formation instantanée de l'image à la chambre noire, par M. BLANQUART-ÉVRARD (de Lille).

Le fluorure de potassium, en addition à l'iodure, dans la préparation de l'épreuve négative, donne des images instantanées à l'exposition de la chambre noire.

Pour m'assurer de l'extrême sensibilité du fluorure, je l'ai expérimenté sur la préparation la plus lente de la photographie; celle des plaques de verre albuminées et simplement iodurées, exigeant une exposition au moins soixante fois plus longue que celle sur papier.

En ajoutant du fluorure dans l'albumine iodurée, et en remplaçant le lavage à l'eau distillée de la feuille de verre au sortir de l'acétonitrate par un lavage dans une dissolution de fluorure de potassium, j'ai obtenu instantanément l'image à l'exposition de la chambre noire.

J'ai même obtenu ce résultat, mais dans des conditions d'action moins puissante, sans l'addition du fluorure dans l'albumine, et par la seule immersion de la feuille de verre dans le bain de fluorure après son passage à l'acétonitrate d'argent.

Cette propriété du fluorure, si remarquable déjà dans une préparation si résistante aux effets photogéniques, est appelée à donner des résultats inappréciables dans les préparations des papiers, et apportera dans cette nouvelle branche de photographie une transformation aussi radicale que celle que le brome a produite sur les plaques d'argent iodurées de M. Daguerre.

ACADÉMIE DES SCIENCES.

SÉANCE DU 30 SEPTEMBRE.

Nouveau procédé pour obtenir des images photographiques sur plaqué d'argent; par M. NIEPCE DE SAINT-VICTOR.

En m'occupant des belles expériences de M. Edmond Becquerel, et cherchant à fixer les couleurs si fugaces qu'elles font naître, j'ai reconnu qu'on peut obtenir des images identiques à l'épreuve daguerrienne, sans employer ni l'iode ni le mercure.

Il suffit de plonger une plaque d'argent dans un bain composé de chlorure de sodium, de sulfate de cuivre, de fer et de zinc (les deux derniers ne sont pas indispensables pour l'effet), de l'y laisser quelques secondes, de laver à l'eau distillée et de sécher la plaque sur une lampe à alcool.

On applique contre cette plaque le *recto* d'une gravure, on recouvre celle-ci d'un verre, et on l'expose une demi-heure au soleil ou deux heures à la lumière diffuse, puis on enlève la gravure. L'image n'est pas toujours visible; mais, en plongeant la plaque dans l'ammoniaque liquide faiblement étendue d'eau, l'image apparaît toujours d'une manière distincte (le cyanure de potassium et l'hyposulfite de soude produisent le même effet). L'ammoniaque, enlevant toutes les parties du chlorure d'argent qui ont été préservées de l'action de la lumière, laisse intactes toutes celles qui ont été exposées; on lave ensuite à grande eau. Afin de réussir parfaitement, il faut que le contact de l'ammoniaque ne soit pas prolongé au delà du temps nécessaire pour enlever le chlorure d'argent qui n'a pas été modifié par la lumière.

L'épreuve, après cette opération, présente le même aspect que l'image daguerrienne, regardée, dans la position où elle est vue, d'une manière distincte, c'est-à-dire que les ombres sont données par le métal à nu, et les clairs par les parties qui, ayant été modifiées par la lumière, sont devenues mates.

On peut employer, comme pour l'épreuve daguerrienne, le chlorure d'or, si l'on veut fixer l'image, en lui donnant plus de vigueur qu'elle n'en aurait sans cela.

Je me suis assuré que l'on peut obtenir l'image daguerrienne en exposant la plaque d'argent chlorurée dans la chambre noire, en une heure au soleil ou deux ou trois heures la à lumière diffuse, puis plongeant la plaque dans l'eau ammoniacale. Conséquemment, l'image apparaît sans qu'on soit obligé de recourir à la vapeur mercurielle, laquelle, dans ce cas, ne produirait aucun effet.

Avant peu, j'espère pouvoir opérer plus promptement et montrer des épreuves faites dans la chambre obscure qui seraient aussi belles que celles que l'on obtient avec l'iode et le mercure. Je publierai en même temps tous les détails nécessaires à assurer le succès de ce procédé, et je montrerai aussi la possibilité de fixer l'image sur une plaque d'argent iodée, au moyen de l'ammoniaque, c'est-à-dire sans recourir pour cela aux vapeurs mercurielles et à l'hyposulfite de soude.

P. S. J'ai reconnu que la plaque chlorurée chaude est plus sensible à l'action de la lumière que la plaque chlorurée froide.

ACADÉMIE DES SCIENCES.

SÉANCE DU LUNDI 28 OCTOBRE 1850.

Nouveau procédé de photographie sur papier. qui permet d'obtenir directement des épreuves positives ; par M. F. BOUSIGUES.

Tout papier bien uni, légèrement glacé, exempt de souillures et de taches métalliques, pourra être parfaitement appliqué à ce nouveau procédé. Les papiers Canson et Lacroix, d'Angoulême, m'ont donné les meilleurs résultats.

On en prendra trois feuilles qui seront successivement plongées dans l'eau distillée et étendues sur la glace du châssis, en ayant soin de les y faire adhérer sur tous les points au moyen d'un linge bien fin. On mettra sur les autres celle qui paraîtra la plus propre à recevoir l'empreinte lumineuse ; ces dernières ne servant qu'à entretenir l'adhérence et l'humidité.

Quand cette humidité aura disparu , on laissera tomber sur la surface du papier trois ou quatre gouttes d'une dissolution d'azotate d'argent neutre qu'il faudra étendre rapidement au moyen d'un pinceau. Les traces de cette dissolution disparaîtront quelques instants après, ne présentant plus sur le papier que l'aspect d'une légère vapeur. En cet état, le papier sera traité de la même manière que la plaque métallique. Les vapeurs de l'iode et du bromure de chaux lui donneront une grande sensibilité, mais il sera nécessaire de l'exposer plus longtemps aux vapeurs de cette dernière substance. Voici les chiffres que je pourrais donner :

Premier iodage ,   15 secondes ; bromure, 35 secondes.
Deuxième iodage, 10 secondes.

La glace est ensuite placée dans le châssis et exposée à la lumière , qui opère sur le papier presque avec la même rapidité que sur la plaque d'argent. Le mercure fait apparaître l'image.

Si l'opération est bien faite , l'exposition à la lumière convenablement réglée , on obtient une image positive d'une beauté comparable à celle que donne le plaqué, et du moins bien supérieure, par la douceur de ses teintes, à celles du procédé ordinaire par l'acide gallique.

ACADÉMIE DES SCIENCES.

SÉANCE DU LUNDI 18 NOVEMBRE 1850.

Nouveaux renseignements sur le procédé de photographie sur papier (épreuve positive); par M. BOUSIGUES.

1° *Papier.* — Il est essentiel de rejeter tous les papiers qui n'auraient pas assez de consistance, ou qui, étant trop glacés, laisseraient voir le jour comme à travers une multitude de pores. Au reste, la première préparation fera distinguer aisément la qualité du papier. Il faut qu'étant plongé dans l'eau, il conserve une couleur blanche très-uniforme et ne laisse pas apercevoir sa trame. Les papiers français contenant de l'amidon sont en général très-rapides.

2° *Dissolution d'argent.* — On sait que les sels d'argent sont sensibles à la lumière; il convient donc de les préparer et de les conserver dans un endroit obscur. Il ne faudrait pas croire que plus cette dissolution serait concentrée, plus elle donnerait de sensibilité au papier. Les nombreuses expériences que j'ai faites m'ont, au contraire, donné la certitude, que la sensibilité augmente à mesure qu'on étend la dissolution. Néanmoins, il est une limite qu'il convient de ne pas dépasser. On pourra prendre comme terme moyen : 5 grammes d'azotate neutre d'argent pour 30 grammes d'eau distillée.

3° *Iodage.* — Le papier soumis aux vapeurs de l'iode se couvre quelquefois de taches violettes ou d'une couche d'un blanc métallique. Ces deux effets ont lieu, lorsque l'azotate d'argent n'a pas été également étendu sur le papier, ou qu'il produit à sa surface une trop grande humidité.

4° *Objectifs.* — Comme il arrive ordinairement que l'image est plus éclairée au centre qu'aux extrémités, il est bon de se servir de lentilles capables de produire des images plus grandes que celles qu'on veut obtenir, par exemple d'un objectif demi-plaque pour un châssis un quart. Les parties éloignées du centre seront alors éclairées, et l'on obviera, par ce moyen, à un grave inconvénient, celui de n'avoir trop souvent que des résultats partiels.

5° *Exposition à la lumière.* — Si l'on voulait se contenter d'une épreuve négative, le temps de l'exposition importerait assez peu ; car si vingt secondes suffisent pour l'obtenir, on pourrait en mettre quarante, cinquante, cent et même plus sans s'exposer à manquer son expérience. L'image rendue visible par le mercure serait toujours fort belle ; mais le temps qui convient pour avoir un résultat positif est moins facile à saisir. Si la feuille de papier soumise aux vapeurs mercurielles prend un ton noir général, c'est une preuve certaine que la pose n'a pas été assez prolongée ; si, au contraire, le papier conserve partout sa blancheur, elle a été trop longue. Entre ces deux points extrêmes il y en a deux intermédiaires qu'il est essentiel de rencontrer, selon qu'on désire une épreuve positive ou négative.

On pourrait avec une très-grande facilité obtenir par ce procédé des épreuves sur verre, en employant soit la gélatine, soit l'albumine ou les substances amylacées, d'après les méthodes publiées récemment par MM. Blanquart-Évrard, Niepce de Saint-Victor, etc. ; mais les

résultats, quoique ordinairement très-beaux, ne dédom-
magent pas toujours de la longueur des préparations. »

ACADÉMIE DES SCIENCES.

SÉANCE DU 23 DÉCEMBRE 1850.

Note sur la photographie, par M. BLANQUART-ÉVRARD
(de Lille).

MOYENS ACCÉLÉRATEURS.

« Ayant appris par un amateur, qui venait de visiter
l'Allemagne, qu'un habile photographiste de Munich,
M. Laucherer, blanchissait les parois de sa chambre
noire pour obtenir plus de sensibilité à l'exposition, j'ai
pensé qu'on pourrait bien s'être trompé jusqu'ici sur le
rôle des réfractions de la lumière dans la chambre noire.
Les expériences que j'ai faites viennent de me prou-
ver, en effet, que plus on réussissait dans les soins que
l'on prenait pour empêcher les réflexions de la lumière
produite par l'objectif dans l'intérieur de la boîte, plus
on an moindrissait l'action photogénique sur la couche
sensible.

» Ainsi, j'ai non-seulement tapissé la chambre noire
en papier blanc, mais, de plus, j'ai blanchi l'intérieur
du tube, aux extrémités duquel sont vissés les deux
objectifs, et que les opticiens garnissent en noir. Dans
ces conditions, j'ai dégagé, soit sur plaque d'argent,

sur verre albuminé ou sur papier, les quatre résultats suivants :

» 1° Formation de l'image en moitié moins de temps qu'à l'exposition à la chambre noircie ;

» 2° Formation de l'image à une lumière d'exposition insuffisante pour obtenir cette image dans la chambre noire ;

» 3° Uniformité dans l'imprégnation ; les blancs ne se perdent pas avant la bonne venue des parties du tableau placées dans le clair-obscur ;

» 4° Résistance infiniment moins grande des couleurs qui se refusent à l'action photographique, telles que le rouge, le jaune et le vert.

» Ainsi, non-seulement les résultats sont meilleurs au point de vue de l'art, mais encore la puissance photogénique des objectifs est doublée en transformant la chambre noire en chambre blanche.

» Il serait puéril de déduire ici les conséquences qui résultent des expériences dont je viens rendre compte à l'Académie ; l'accélération par la lumière est bien certainement le résultat le plus précieux qui pouvait être désiré dans l'état de progrès où se trouve arrivée la photographie sur plaque d'argent, sur verre et sur papier. »

ACADÉMIE DES SCIENCES.

SÉANCE DU 23 DÉCEMBRE 1850.

Préparation des glaces albuminées pour l'emploi du fluorure, par M. BLANQUART-ÉVRARD (de Lille).

« Le fluorure, qui donne une extrême sensibilité aux préparations des glaces albuminées, est d'un emploi très-difficile lorsque les glaces sont préparées par les moyens précédemment décrits, ce corps soulevant l'albumine de la glace, et compromettant souvent le résultat.

» La préparation suivante n'offre pas cet inconvénient.

» On emploie l'albumine sans mélange de substance chimique.

» On place la glace qu'on veut albuminer sur un support à claire-voie, bien calé (un pied à chlorurer, par exemple), et l'on chauffe à la lampe à l'alcool jusqu'à ce que la main puisse encore supporter la chaleur de la glace; ceci fait, on verse de l'albumine en excès, et l'on chauffe de nouveau, mais pas assez pour coaguler l'albumine. On enlève la glace de support, on fait écouler tout l'excès d'albumine et on la place, la face albuminée, au-dessus d'une cuvette contenant de l'acide acétique. On chauffe doucement le fond de cette cuvette; les vapeurs d'acide acétique coagulent l'albumine qui prend alors un aspect laiteux.

» Lorsque l'effet est complet, on chauffe de nouveau, mais à une très-douce chaleur, pour faire sécher, ou

l'on abandonne la glace sur un meuble pour laisser sécher à l'air.

» Pour ioder l'albumine, on plonge la glace dans un
bain contenant 1 partie de nitrate d'argent, 25
parties d'eau distillée; on laisse sécher la glace verticalement sur un angle. Ensuite on plonge dans un
autre bain contenant 1 partie de iodure de potassium,
25 parties d'eau distillée, et on laisse encore sécher
verticalement. Les glaces ainsi iodurées se conservent
peut-être indéfiniment.

» Lorsqu'on les prépare pour l'exposition, il suffit de
passer à l'acéto-nitrate; elles sont déjà fort sensibles.
Mais si dans le bain où elles sont lavées au sortir de
l'acéto-nitrate, on ajoute de 1 à 20 gouttes de fluorure,
on développe la sensibilité en raison de l'action du
fluorure. L'expérience seule peut donc donner la mesure en raison des besoins de l'opération.

SOCIÉTÉ D'ENCOURAGEMENT.

SÉANCE DU 27 FÉVRIER 1850.

Lettre de M. HUMBERT DE MOLARD.

« Monsieur le président, depuis que M. Niepce nous
a initiés à ses préparations albumineuses, il est incontestable que le triomphe à venir de la photographie sur

papier est assuré. Malheureusement, ce procédé, par l'albumine sur feuilles de verre, est encore à l'état d'enfance, entouré d'incertitudes et de difficultés, dont la principale est, sans contredit, l'application régulière du liquide albumineux à la surface de la glace. La main la plus exercée est impuissante à réaliser ce problème, facile, du reste, à résoudre par la mécanique.

» J'ai l'honneur de soumettre à l'appréciation de la Société un modèle de cuvette (ou bassin) à l'aide de laquelle cette couche d'albumine est de suite appliquée avec facilité et exactitude. Je dirai toutefois que, depuis deux ans qu'elle est construite, elle a subi, tant de ma part que de celle de mes collaborateurs, beaucoup de bonnes et heureuses modifications; le principe d'action est resté le même, et son usage réitéré n'a pas cessé de donner des résultats satisfaisants.

» Les quatre vues de Rome (grandes plaques), exécutées à Rome par M. Eugène Constant, mon collaborateur, ne laissent, je l'espère, aucun doute à cet égard.

» Les deux portraits demi-plaques, mêmes procédés sur verre, prouvent qu'on pourra bientôt, par l'albumine, opérer sur nature vivante et sur plaques de grande dimension. La plaque de verre, albuminée jusqu'à présent, si longue, si dure à s'impressionner à la lumière, peut, en effet, je pense, recevoir une accélération bien marquée, d'abord par la présence du camphre dans les préparations, mais plus encore par le degré de coagulation plus ou moins concentré que lui imprime le contact de l'acide acétique.

» Les portraits grandes plaques sont faits sur papier sans colle, purifié d'abord par les acides pour en dénaturer la pâte, et ensuite rendu translucide par une solution alcoolique de diverses gommes, élémi, copahu, camphre, etc.

» Ce procédé, encore tout nouveau, mais que je poursuivrai sans relâche, finira, je l'espère, par donner des résultats de finesse très-supérieurs à ceux obtenus jusqu'à présent par les procédés ordinaires.

» Pour mieux donner une idée du travail préparatoire du procédé, je crois devoir joindre ici : 1° une feuille de papier primitif avant toute préparation ; 2° la même feuille encollée, vernie, chargée de la couche impressionnable, en un mot prête à être placée dans la chambre noire ; 3° un cliché sorti de ce genre de préparation ; 4° des positives obtenues par ce procédé.

» Enfin, je ferai observer que toutes les épreuves que j'ai l'honneur de présenter à la Société, soit points de vue, soit portraits, sont exécutées en *positives* par un procédé tout autre que celui du chlorure d'argent employé jusqu'à présent ; rien n'est noir, rien n'est cru : la dégradation des teintes est observée avec pureté du premier plan jusqu'au lointain, et présente de plus à l'œil la richesse des tons chauds des diverses sépias colorées, dont on peut varier les nuances à l'infini par la combinaison des divers chlorhydrates employés à cet effet. »

M. le président invite la commission de photographie à prendre en considération la communication de M. Humbert de Molard.

SOCIÉTÉ D'ENCOURAGEMENT.

BULLETIN DE JUIN 1850.

PRIX POUR HATER LES PROGRÈS DE LA PHOTOGRAPHIE.

PREMIÈRE SÉRIE.

Épreuves sur papier ou autre substance non métallique.

Au point de vue général. — Une médaille de la valeur de 200 francs pour des papiers sans colle, d'une pâte pure et homogène, feutrée de façon à rendre les dilatations et contractions uniformes en tous sens.

Au point de vue de la commodité des opérations. — Une médaille de la valeur de 500 francs pour des feuilles *très-minces* d'une matière non métallique autre que le verre ou le papier, susceptibles d'être rapidement impressionnées, soit négativement, soit positivement, sans déformation permanente, d'un transport commode et d'un emploi économique.

Au point de vue de la sûreté des opérations. — Une médaille de la valeur de 500 francs pour des encollages ou autres préparations des papiers négatifs pour les rendre d'un effet plus certain ; ces encollages ou autres préparations devront pouvoir être donnés à l'avance et conserver leur efficacité pendant un laps de temps de quinze jours au moins.

Au point de vue de la grandeur et de la rapidité des épreuves. — Une médaille de la valeur de 500 francs pour des portraits d'après nature, de grandeur de plaque normale au moins, sur papier ou autre substance non métallique en feuille mince, reçus en un temps au moins moitié moindre que celui actuellement nécessaire dans des circonstances analogues.

Au point de vue de la perfection des contours et des lignes. — Une médaille de la valeur de 300 francs pour un enduit ou préparation des épreuves positives qui assure la perfection des images par la planimétrie de la surface impressionnée ; l'enduit ou préparation devra résister aux opérations successives pour se trouver sous l'image terminée et fixée.

Au point de vue de la facilité des opérations. — Une médaille de la valeur de 300 francs pour un procédé d'application en couche régulière de l'albumine ou autre substance impressionnable sur verre ou autre matière translucide de dimension de la plaque normale au moins.

DEUXIÈME SÉRIE.

Épreuves sur métal.

Au point de vue de l'agrément de l'aspect. — Une médaille de la valeur de 300 francs pour un procédé enlevant d'une façon radicale le miroitage des épreuves recueillies sur plaqué d'argent.

Au point de vue de la commodité et de l'économie. — Une médaille de la valeur de 300 francs pour des feuilles métalliques ou autres *très-minces*, économiques et faciles à transporter, remplaçant avec avantage les plaques actuelles de cuivre argenté pour les opérations de la photographie par l'iode et le mercure.

Au point de vue économique. — Une médaille de la

valeur de 100 francs pour des objectifs simples en verre convenablement coloré.

Au point de vue du plus grand progrès désirable. — Un grand prix de 5,000 fr. pour la reproduction directe des objets avec leurs couleurs naturelles.

CONDITIONS GÉNÉRALES.

Tous les procédés devront être pratiques et d'un résultat certain ; aucune partie ne pourra être gardée secrète.

Les images positives et négatives devront avoir une fixité égale au moins à celles des sépias ou aquarelles.

Les concurrents auront la faculté de prendre des brevets pour leurs procédés.

Le présent programme a été arrêté en commission des arts photographiques et rédigé après une discussion générale à laquelle ont été admis tous les amateurs et artistes photographes qui ont pris part à de précédents concours.

SOCIÉTÉ D'ENCOURAGEMENT.

BULLETIN DE SEPTEMBRE 1850. — SÉANCE DU 14 AOUT.

Lettre de M. Humbert du Molard *à la Société d'Encouragement, sur les images photographiques qu'il a obtenues sur papier.*

Paris le 14 août 1850.

« Monsieur le Président,

» J'ai l'honneur de présenter à la Société d'Encouragement quelques épreuves daguerriennes, avec l'indication des divers moyens à l'aide desquels elles ont été obtenues.

» Je ne me suis occupé que de nature vivante, persuadé que la reproduction de la nature morte ne serait plus qu'un jeu dès que la plaque de verre albuminée, naguère encore si dure, si peu impressionnable à la lumière, serait ramenée aux conditions de vitesse nécessaires à la confection des portraits faits à l'ombre.

» Toutes les épreuves ci-jointes ont été obtenues d'après nature en trente, quarante et cinquante secondes, avec un objectif de 33 centimètres de foyer.

Dans la séance de la Société d'Encouragement du 27 février dernier, en présentant quelques épreuves de portraits demi-plaques par l'albumine sur glace, faits en décembre précédent et en deux minutes, je signalais le premier, je crois, comme cause accélératrice de l'albumine, « *la présence du camphre dans certaines préparations, et surtout le degré de coagulation plus ou moins concentrée de la couche albumineuse mise dans le cours de l'opération, en contact avec l'acide acétique.* »

» A cette époque j'employais, en effet, une légère solution de camphre dans l'acide acétique, et j'en introduisais une très-minime quantité dans l'albumine avant de la battre en mousse comme on le fait ordinairement. En agissant ainsi j'avais un double but : par l'acide acétique, d'affaiblir, dans l'albumine, sa tendance à coaguler trop fortement, et, par le camphre, d'y introduire un élément de souplesse, afin d'empêcher le cliché d'écailler sous l'ardeur des rayons solaires.

» L'idée était bonne, mais incomplète ; car les réussites étaient capricieuses et exceptionnelles. Toutefois, la vraie cause, le principe d'accélération était trouvé, j'en avais la certitude, et pour réussir il ne s'agissait plus, dès lors, que de confier à des agents moins énergiques la mission de modifier l'albumine dans sa ténacité naturelle.

» Tous les sucres déliquescents, les sirops de dextrine, de cassonade, le miel brut, la mélasse, le sérum du lait, les mucilages de pépins de coings, de graine de lin, de psyllium, de la guimauve, etc., sont on ne peut plus aptes à atteindre ce but. Je craindrais de faire rire en disant que de la gelée de groseilles, du jus de pruneaux, feraient tout aussi bien, et pourtant ce serait la vérité. L'acide saccharique des uns, le mucilage ou la gomme des autres, le gluten ou la fécule amylacée de la plupart, celle surtout que contient le miel brut du commerce, presque toujours frelaté par l'amidon, agissent on ne peut mieux sur l'albumine pour la disposer aux opérations photographiques.

» Les fécules d'amidon, de dextrine, de tapioca, etc., doivent être rejetées, à cause de l'insolubilité des capsules que leur liquide tient en suspension, et qui, par transparence, maculeraient la surface de l'image daguerrienne d'une myriade de piquetures. Espérons toutefois que venant en aide à la photographie, la chimie nous fournira bientôt de l'*amidine*; ce serait, en effet, la substance limpide la plus photogénique que nous pussions employer pour la rapidité et la certitude des opérations.

» 15 ou 20 pour cent de mélasse, de sirop de cassonade ou de miel brut à 18 degrés de densité, et 1 pour 100, d'iodure de potassium, ajoutés à l'albumine, donnent de beaux et rapides résultats.

» Si l'on veut opérer par les mucilages épais de pépins de coings, ou autres semences susdites, alors on renverse les proportions. Le mucilage est le principal, et 20 ou 25 pour 100 d'albumine, additionnés avec 1 pour 100 d'iodure de potassium, suffisent, accessoirement, pour procurer à la masse du liquide, la ténacité nécessaire pour résister aux divers lavages, etc.

» 6 grammes de pépins de coings, plongés dans 250 grammes d'eau froide, donnent en une nuit, un mucilage d'une épaisseur convenable, et d'une transparence égale à celle de l'albumine.

» J'enduis toujours mes feuilles de verre à chaud vers 40 à 45 degrés. Toutes les fois même que j'ai pu, avant d'employer l'albumine, la soumettre pendant quelques heures à l'action d'un bain-marie maintenu à 45 degrés, très-voisin de celui de sa coagulation, il en est résulté une sensibilité d'accélération bien marquée, et cela par l'effet de la dilatation apportée par la chaleur aux molécules de l'albumine.

» Voici maintenant un autre procédé, tout différent, dans ses préparations, de ceux connus et employés jusqu'à ce jour.

» Les beaux résultats qu'il me donne depuis longtemps sur papier m'ont fait essayer de l'appliquer au verre, et j'ai réussi au delà de mes espérances.

» J'enduis les glaces d'une couche d'albumine pure et les laisse sécher à plat.

» Je les coagule par une immersion rapide dans un bain d'acide nitrique chimiquement pur, de la force de 7 à 8 degrés, et les passe immédiatement dans un autre bain ammoniacal pour neutraliser l'acide. Ces deux immersions doivent être rapides, exécutées dans l'espace de quelques secondes et sans le moindre temps d'arrêt. En cet état, les feuilles de verres coagulées présentent un aspect légèrement laiteux. On les passe à l'eau pure et on les laisse de nouveau sécher, mais debout et sur un angle, afin de faciliter et d'activer l'égouttement.

» Bien sèches, je les pose à plat sur un support à chlorurer, et à l'aide d'un pinceau doux je les enduis d'une couche *d'iodure d'argent liquide* (solution de précipité jaune d'oxyde d'argent par l'iodure de potassium dissous à saturation complète dans l'eau distillée), que je prépare de la manière suivante :

» Dans deux flacons isolés je prépare deux solutions saturées :

1ʳᵉ solution :	Eau distillée.	25 gr.
	Iodure de potassium.	40
2ᵉ solution :	Eau distillée.	20
	Nitrate d'argent.	20

» On verse peu à peu la solution d'argent dans celle d'iodure de potassium. Au fur et à mesure il se forme un précipité abondant, mais qui ne tarde pas à se redissoudre dans l'iodure de potasse en excès. Je poursuis et n'arrête le mélange de l'argent que lorsque l'iodure de potassium saturé ne peut plus dissoudre de précipité; en cet état, cet iodure d'argent liquide doit être limpide, incolore, et ne doit pouvoir, sans se troubler, supporter la plus petite addition d'eau. C'est avec ce composé, avec cet *iodure d'argent liquide* que j'enduis une feuille de verre.

» Au bout d'une minute environ, la plaque de verre est plongée dans l'eau, où elle prend aussitôt un ton jaune d'or par l'effet de l'iodure d'argent qui s'est instantanément précipité de son oxyde.

» On lave encore la plaque à grande eau jusqu'à ce qu'il ne reste, à sa surface, aucune parcelle de précipité non adhérent, et on laisse sécher. Toutes ces opérations peuvent être faites au grand jour.

» En cet état, la plaque est prête, et on peut dès lors calculer la certitude d'une réussite par la vive intensité de sa couleur, qui doit être bouton d'or, si les opérations ont réussi. Elle peut se conserver ainsi des mois entiers sans altération.

» Au moment d'opérer à la chambre noire, on la rend sensible, comme à l'ordinaire, par l'acéto-azotate d'argent, mais qui peut alors, sans inconvénient, être versé dessus goutte à goutte sans crainte de reprises, de fissures, de gerçures, etc. L'albumine étant coagulée d'avance, l'acide acétique n'a plus sur elle aucune action, et ne joue d'autre rôle, dans l'opération, que celui de désunir la potasse d'avec l'iode, qui vient alors se combiner avec l'argent, etc.

» Les limites restreintes d'une communication par lettre ne me permettent pas d'entrer dans de plus amples détails sur ce procédé; mais à sa simple inspection, les amateurs expérimentés apercevront de suite, je l'espère, quelle certitude de réussite doit procurer un iodure d'argent, composé, appliqué d'un seul coup, et toujours invariable dans ses proportions de composition première.

» Les numéros 1, 2 et 3 des épreuves que je présente ont été faits par ce procédé, et sont, sans contredit, les meilleurs sous les rapports de la vigueur du modèle et de l'harmonie des tons jusque dans les ombres.

» Prochainement j'aurai occasion de revenir sur ce procédé et d'en parler plus longuement, en présentant, aux termes du programme de la Société, des spécimens grande plaque, soit sur glace, soit sur papier. En attendant, j'ai l'honneur de solliciter de la Société la permission de prendre part au concours qu'elle a ouvert. En conséquence, je la prie de vouloir bien me donner acte, par quelques mots d'insertion au procès-verbal de sa séance, de mes communications d'aujourd'hui, surtout du dernier procédé photographique par *l'iodure d'argent liquide*, qui, j'en ai la conviction, rendra quelques bons services aux amateurs dès qu'ils en auront pris l'habitude et éprouvé la sûreté d'exécution.

» Je suis avec respect, Monsieur le président.

» A. HUMBERT DE MOLARD. »

SOCIÉTÉ D'ENCOURAGEMENT.

BULLETIN D'OCTOBRE 1850.

Note sur la photographie sur verre et sur quelques faits nouveaux, par M. NIEPCE DE SAINT-VICTOR.

J'ai consigné, dans un paquet cacheté, le 22 mai dernier, un procédé d'accélération pour la photographie sur verre enduit d'une couche d'albumine.

Ce procédé consiste à mélanger avec l'albumine 2 ou 3 grammes de miel pour chaque blanc d'œuf, selon leur grosseur, de même qu'il faut mettre de 30 à 40 centigrammes d'iodure de potassium cristallisé avant de battre les œufs. Il est essentiel que l'albumine soit complétement à l'état de mousse afin d'avoir une albumine très-pure.

Pour étendre également la couche d'albumine sur la plaque de verre, on se sert ordinairement d'une baguette de verre ou d'une pipette ; d'autres l'étendent par un mouvement de la main. Cette opération demande une très-grande habitude ; tandis que, si l'on parvient à l'appliquer par un moyen mécanique, on rendra la chose constante et facile : c'est ce que j'espère pouvoir démontrer bientôt.

La couche d'albumine étant sèche, on passe la plaque dans la composition d'acéto-azotate d'argent, laquelle, selon moi, doit être composée ainsi qu'il suit :

Nitrate d'argent.	6 gr.
Acide acétique.	12
Eau distillée.	60

On ne doit laisser immerger la plaque dans cette composition que pendant dix secondes au plus, et la laver ensuite avec de l'eau distillée.

Après cette opération, on laisse sécher la plaque dans l'obscurité, pour opérer ensuite par la voie sèche ; mais, comme les plaques s'impressionnent très-facilement, il faut, autant que possible, les conserver simplement albuminées.

Il est utile, en exposant dans la chambre noire de placer une planchette avec un fond blanc derrière la plaque de verre, et pour faire paraître l'image il est nécessaire aussi de faire chauffer un peu l'acide gallique, afin d'en activer l'action, sans cependant trop presser cette opération ; car il arrive souvent que les plus belles épreuves négatives sont celles qui sont restées plusieurs heures sous l'influence de l'acide gallique et sur lesquelles on croyait qu'il n'y avait pas d'image.

7

On fixe les épreuves négatives, soit avec du bromure de potassium, soit avec de l'hyposulfite de soude, et, afin d'empêcher le cliché de s'écailler (ce qui arrive surtout lorsque la couche d'albumine est trop épaisse ou qu'elle est composée avec de vieux œufs), on l'enduit d'une légère couche de gélatine ou d'un vernis à tableau, ce qui lui donne encore plus de solidité.

De toutes les substances accélératrices que j'ai employées, je n'en ai pas trouvé de meilleure que le miel (celui de Narbonne m'a paru préférable), parce qu'il donne le plus d'accélération sans avoir les inconvénients d'autres substances, telles que les fluorures, par exemple, dans lesquels j'ai reconnu depuis longtemps une propriété accélératrice; mais leur action corrosive m'y avait fait renoncer pour l'albumine. Cependant, on peut les employer sans inconvénient en les mélangeant avec du miel, entre autres le fluorure d'ammoniaque; et, si l'on se sert d'albumine de vieux œufs, on aura, par la réunion de ces moyens, une plus grande accélération ; mais, ainsi que je l'ai dit plus haut, la vieille albumine est sujette à s'écailler.

Il faut, pour éviter cet inconvénient, laisser sécher complétement le cliché avant de l'exposer au soleil pour tirer l'épreuve positive, et, pour plus de sûreté, le couvrir d'un vernis.

Le mélange de miel et d'albumine donne à l'épreuve négative une très-grande douceur dans les traits ; on aura donc, par ce moyen, des demi-teintes et des tons parfaitement fondus, et l'on obtient par la dessiccation de ce mélange une couche parfaitement homogène, très-lisse, ne se fendillant pas, lors même qu'on l'expose à la chaleur, et donnant l'image d'un objet éclairé par la lumière diffuse dans l'espace de deux à trois secondes au plus pour un paysage, et de vingt-huit pour un portrait, en opérant avec un objectif double (français) pour quart de plaque; quant à la grande plaque normale, il faut de quarante à cinquante secondes, et de vingt-cinq à trente avec un objectif allemand.

Tels sont les résultats obtenus par MM. *Vigier* et *Mestral*, qui ont fait les épreuves que j'ai l'honneur de présenter à la Société. On peut encore opérer plus promptement en employant les moyens naturels d'accélération que l'expérience m'a démontrés.

1° Plus la couche d'albumine est épaisse, plus il y a d'accélération ;

2° Plus les œufs sont vieux, plus il y a d'accélération ;

3° Plus la composition d'acéto-azotate d'argent a servi, plus il y a d'accélération.

Enfin, il existe aussi une très-grande différence dans les diverses natures d'albumine, qui varie, d'après moi, selon la nourriture de la poule. Je dirai aussi que l'albumine d'œufs de cane se fendille moins que celle d'œufs de poule.

Quant à l'albumine du sang, elle est très-accélératrice, mais on ne peut pas l'employer seule, parce qu'elle ne se coagule pas assez avec l'acéto-azotate d'argent pour adhérer au verre; il faudrait préalablement la coaguler avec l'acide azotique.

Du lavage de la plaque dépend aussi une partie de l'accélération; car, si on ne lave pas assez, il se forme une couche couleur de rouille lorsqu'on verse l'acide gallique; si on lave trop, on enlève une grande partie de l'accélération.

J'ai consigné, dans le paquet que j'ai déposé, les

moyens de glacer le papier avec de l'albumine; ainsi que pour la préparation d'un papiér négatif pour opérer par la voie sèche; mais divers procédés analogues ayant été publiés, je n'en parlerai que pour constater ma priorité (1).

J'ai constaté qu'en chauffant l'albumine au bain-marie à une température de 45 degrés pendant cinq à six heures, on obtenait une très-grande accélération.

Ce fait paraît avoir beaucoup d'analogie avec les modifications obtenues par M. *Chevreul* dans l'huile de lin.

Si l'on mêle une solution d'azotate d'argent avec une solution de sel marin ou avec de l'hydrochlorate d'ammoniaque, il se produit du chlorure d'argent. Ce précipité, resté dans la liqueur où il s'est formé, se colore par une exposition à la lumière; si alors on l'expose à la chaleur, le chlorure redevient blanc.

(1) Voici comment on opère :

Pour glacer une feuille de papier avec une couche d'albumine, on ajoute un peu de miel à l'albumine. Quand la couche est sèche, on passe le papier dans du vinaigre radical (acide acétique du verdet à 8 degrés); la couche se trouve alors parfaitement coagulée, et peut subir les plus longues immersions sans se détacher.

Si l'on veut préparer un papier *positif*, on met de l'iodure de sodium dans l'albumine, et, lorsque la couche est sèche, on la passe dans l'azotate d'argent.

Pour préparer un papier *négatif*, on met de l'iodure de potassium dans l'albumine, et, quand la couche est sèche, on la passe dans la composition d'acéto-azotate d'argent, sans la laver après; on laisse sécher le papier dans l'obscurité, et l'on opère ensuite à sec comme avec la plaque de verre.

On sait que l'alcool coagule l'albumine ; si l'on met de l'iode dans le même alcool pour en former une teinture d'iode, elle ne se coagule plus.

Si l'on met du brome dans l'albumine, le brome se trouve immédiatement enveloppé par l'albumine sans qu'elle se coagule, et il n'y a plus d'exhalation de vapeurs de brome.

SOCIÉTÉ D'ENCOURAGEMENT.

OCTOBRE 1850.

Perfectionnements ajoutés aux procédés photographiques ;
par MM. TALBOT et MALONE.

Nous avons parlé dans le Bulletin de la Société des années 1839 et 1841, des divers procédés imaginés par M. Talbot pour produire des images photographiques sur papier. Dans ces derniers temps il a fait, de concert avec M. Malone, des essais pour obtenir ces mêmes images sur plaques de porcelaine, de verre, d'acier, et sur du papier verni ou huilé. Ses procédés, pour lesquels il a pris une patente le 19 décembre 1849, sont décrits dans le journal anglais intitulé *The Repertory of patent inventions*, du mois d'août 1850.

1° *Emploi de plaques de biscuit de porcelaine.* — Ces plaques seront fabriquées avec les meilleurs matériaux ; elles doivent être parfaitement unies, très-minces, demi-transparentes et légèrement poreuses, afin de pouvoir s'imprégner et retenir en quantité suffisante les dissolutions employées. Pour éviter leur rupture, on les colle avec un ciment sur un carreau de verre ; on le recouvre ensuite d'une couche mince d'albumine étendue bien uniformément et qu'on fait sécher au feu. Suivant que la plaque est plus ou moins poreuse, elle exige plus ou moins de cet enduit préparatoire. Elle est rendue sensible à la lumière de la même manière qu'une feuille de papier, en la plongeant dans une dissolution de nitrate d'argent contenant 1 gramme 618 de nitrate pour 31 grammes d'eau. Après avoir fait sécher la plaque, on l'immerge dans une dissolution d'iodure de potassium contenant les mêmes proportions de sel et d'eau. Quand elle est suffisamment sèche, on la frotte avec un tampon de coton, puis on la conserve dans cet état pour s'en servir au besoin ; elle est alors de couleur jaune pâle due à la présence de l'iodure d'argent.

Pour rendre la plaque sensible à la lumière, on la lave avec une dissolution de gallo-nitrate d'argent, puis on la place dans la chambre noire. L'image apparaît après que la plaque a été soumise à un second lavage avec la même dissolution, aidé d'une chaleur douce. L'image négative ainsi obtenue est fixée en lavant la plaque avec de l'eau, puis avec du bromure de potassium, ou mieux, avec de l'hyposulfite de soude ; finalement, on la soumet à plusieurs lavages répétés avec de l'eau.

2° *Plaques de verre et conversion d's images négatives en images positives.* — Pour convertir les images négatives en images positives, on enduit une plaque de verre bien sèche et bien nette d'une couche d'albumine clarifiée et filtrée ; on laisse écouler le surplus de l'enduit, puis on expose la plaque à une douce chaleur jusqu'à ce

que l'albumine soit bien sèche et forme une couche uniforme. La plaque ainsi préparée est placée horizontalement, par sa face albuminée, à 3 ou 4 pouces (76 à 100
millimètres) au-dessus d'un vase contenant de l'iodure
de potassium ; on la laisse dans cet état jusqu'à ce qu'elle
ait pris une teinte jaune, ce qui a lieu au bout de quelques minutes. On la plonge alors dans une dissolution
de nitrate d'argent contenant 0 gr. 971 de nitrate pour
31 gr. d'eau, puis on la retire, et, après l'avoir laissée
sécher, on la place dans la chambre noire. Au sortir de
l'appareil on la met à plat dans un vase contenant une
solution saturée d'acide gallique ; cet acide étant écoulé,
on verse sur la plaque une solution de nitrate d'argent
d'environ 1 gr. 942 pour 31 gr. d'eau qui opère un
changement remarquable dans l'image en convertis-
sant les clairs en ombres, et vice versâ, en d'autres
termes l'image négative en image positive : pour qu'elle
soit bien apparente, la plaque de verre sera placée sur
une surface noire ou sombre. On fixe cette image à
la manière ordinaire, en lavant avec de l'eau, puis
avec de l'hyposulfite de soude, et finalement avec de
l'eau.

3° *Papier verni ou huilé.* — Ce papier, qui est transparent et imperméable à l'eau, peut remplacer le verre
dans certaines circonstances ; comme lui, il reçoit une
couche d'albumine ou un mélange d'albumine et de gélatine qu'on fait sécher, et qu'on rend sensible à la lumière en l'exposant aux vapeurs de l'iode et en suivant
le procédé ci-dessus décrit.

Pour fixer d'une manière plus parfaite les images, on
plonge le papier dans une solution bouillante de potasse
caustique. L'image, qui d'abord a une teinte verdâtre,

peu agréable à l'œil, prend une couleur de sépia en l'exposant à la vapeur de l'hydrogène sulfuré.

Les avantages de l'emploi du papier transparent sur celui du verre consistent dans la faculté de produire un grand nombre d'images, de les conserver indéfiniment et de les transporter sans embarras à de grandes distances. Ce papier convient aussi lorsqu'on veut produire des images panoramiques, parce qu'il se courbe et se redresse facilement.

4° *Plaques d'acier poli.* — On mêle une partie d'une dissolution saturée d'iodure de potasse avec 20 parties d'albumine, qu'on étend aussi uniformément qu'il est possible sur une plaque d'acier ; l'enduit ayant été séché devant le feu, on retire la plaque, et, pendant qu'elle est encore chaude, on la lave avec une solution alcoolique de nitrate d'argent ; elle devient alors très-sensible et reçoit facilement l'image qu'on fixe en lavant la plaque avec de l'hyposulfite de soude, et finalement avec de l'eau ; ces images adhèrent à l'acier avec une grande ténacité.

SOCIÉTÉ D'ENCOURAGEMENT.

DÉCEMBRE 1850.

Note sur la photographie sur papier, par M. C. LABORDE, professeur de physique, à Piguelin, près Nevers (1).

Plusieurs opérateurs suppriment le premier bain d'azotate d'argent, et passent tout simplement la feuille de papier à l'iodure de potassium avant l'application de l'acéto-azotate d'argent : ce procédé plus simple donne facilement de bons résultats; mais les noirs de l'épreuve négative m'ont toujours paru moins vigoureux que lorsqu'on pratique la double opération indiquée par *M. Talbot*. La présence d'un sel d'argent dans la première couche détermine sans doute la lumière à agir plus profondément. Pour réunir les avantages des deux procédés, j'ai cherché à introduire le sel d'argent dans le bain même d'iodure de potassium, et je suis parvenu à préparer, par une seule immersion, une couche qui devient très-sensible sous l'acéto-azotate d'argent, et qui donne à l'épreuve négative des blancs purs et des noirs vigoureux. Voici les détails de cette préparation : cyanure blanc de potassium, 1 gramme; eau distillée, 30 grammes.

Dans cette solution l'on jette peu à peu, et autant qu'elle en peut dissoudre, de l'iodure d'argent récemment précipité, et après l'avoir filtrée on l'ajoute au bain

(1) Cette note a été communiquée à la Société d'encouragement dans sa séance du 20 novembre, par M. Ch. Chevalier.

d'iodure de potassium composée de : eau, 60 grammes ;
iodure de potassium, 4 grammes.

Le papier est étendu à la surface du bain ; lorsqu'il s'y
est bien développé, on l'en retire, et après l'avoir
égoutté on l'applique sur un papier buvard, et l'on peut
s'en servir immédiatement. Pour préparer l'iodure d'argent, on verse peu à peu une solution d'azotate d'argent
dans une solution d'iodure de potassium : le précipité,
d'abord blanchâtre, reste en suspension tant qu'il y a
excès d'iodure de potassium ; lorsqu'il jaunit et qu'il
commence à s'agglomérer, on le lave avec soin, et on le
dissout aussitôt dans le cyanure blanc de potassium.

Il est certain que l'image est formée sur la couche
sensible dès les premiers instants de son exposition dans
la chambre obscure, puisqu'on peut l'achever avec un
verre continuateur. Le point important est de trouver
une substance qui la fasse ressortir ou qui puisse favo-
riser l'action de l'acide gallique ; sous ce rapport, l'acétate de chaux et l'azotate de plomb, associés à l'acide
gallique, jouissent de propriétés remarquables, et font
ressortir, chacun à leur manière, l'effet de radiations que
l'acide gallique seul est impuissant à manifester. 2 grammes d'acétate de chaux ajoutés à 100 grammes de la solution ordinaire d'acide gallique font venir rapidement
l'image, et donnent des noirs très-intenses. Une trop
forte proportion d'acétate de chaux fait noircir les blancs
de l'épreuve ; mais on peut suspendre cet effet en ajoutant à la solution de l'acide acétique. L'acétate de chaux
possède une autre propriété qui peut intéresser les chi-
mistes ; il augmente considérablement le pouvoir dissolvant de l'eau pour l'acide gallique. Certaines préparations
sur papier exigent, pour montrer l'image qui s'y est for-

mée, une forte solution d'acide gallique ; l'eau peut en dissoudre dix et vingt fois plus, si l'on veut, en augmentant progressivement la dose d'acétate de chaux.

L'azotate de plomb ne peut être associé à l'acide gallique que lorsque celui-ci est dissous dans l'eau distillée ; la proportion employée doit être beaucoup plus faible que celle de l'acétate de chaux. L'image vient très-promptement, et dans tous ses détails ; les noirs sont mieux fondus, mais moins vigoureux, et presque nivelés entre eux, ce qui donne à l'épreuve positive une certaine mollesse que l'on peut rechercher quelquefois ; on peut donc, à volonté, obtenir de la vigueur à l'aide de l'acétate de chaux, ou de la douceur dans les épreuves avec l'azotate de plomb. J'ai vainement cherché à réunir ces deux avantages dans la même solution : l'azotate de plomb peut être mélangé à l'acétate de chaux, sans changement apparent ; chacun des sels peut être ajouté séparément à l'acide gallique, mais, s'ils sont réunis, l'acide gallique y détermine aussitôt un précipité. L'acide gallique, donnant un corps insoluble avec l'acétate de plomb, entraîne par cela même la formation de ce dernier sel, par échange de base et d'acide.

Lorsque l'acéto-azotate d'argent contient une trop faible proportion d'acide acétique, les blancs de l'épreuve noircissent facilement sous l'action de l'acide gallique ; or, cette proportion variant continuellement par suite de la volatilité de l'acide acétique, il en résulte qu'une cause d'erreur vient incessamment en compliquer tant d'autres qui paraissent souvent insaisissables. L'azotate de zinc, qui est un produit fixe, peut en grande partie remplacer l'acide acétique ; il augmente la sensibilité de la couche impressionnable, et les blancs de l'épreuve se soutiennent très-long temps sous l'action de l'acide gallique; il permet même de donner au premier bain d'iodure de potassium une réaction alcaline par la potasse ou l'ammoniaque, ce que l'on ne peut pas faire avec l'acéto-azotate d'argent ordinaire, sans que les blancs ne noircissent aussitôt, lorsqu'on fait venir l'image. J'indique les proportions suivantes sans assurer qu'elles soient les meilleures : azotate de zinc, 2 grammes; azotate d'argent, 4 grammes; acide acétique cristallisable, 2 grammes au plus; eau, 60 grammes.

On pourrait doubler la proportion d'azotate de zinc; mais il faudrait alors diminuer de moitié la quantité d'acide acétique.

Je décrirai ici un petit appareil qui, sans rien ajouter à la science de la photographie, peut en faciliter la pratique; c'est un laboratoire portatif qui permet à l'opérateur d'être en pleine lumière dans toutes ses manipulations.

Il se compose d'une caisse en bois de 0^m.55 de longueur, 0^m.30 de largeur et 0^m.30 de hauteur.

Le couvercle à charnières est percé d'une ouverture sur laquelle on adapte un verre jaune assez grand pour laisser voir facilement tout ce qui passe à l'intérieur. Le devant de la caisse présente deux trous assez larges pour que l'avant-bras puisse s'y mouvoir avec facilité; deux manches en étoffe sont fixées par leurs bords à l'entrée de ces trous, et se terminent à leur extrémité opposée par un bracelet élastique, qui s'applique exactement autour du poignet lorsqu'on y enfonce le bras. La boîte contenant le matériel nécessaire aux opérations qui doivent se faire dans l'obscurité, on peut, à travers le verre jaune, suivre tous les mouvements des mains, et, avec un peu d'habitude, appliquer la feuille de papier sur l'acéto-azotate d'argent, et la placer dans son châssis aussi facilement qu'au dehors ; on dégage ensuite ses bras de l'intérieur de la boîte, et, levant le couvercle, on en retire le châssis fermé et prêt à être placé dans la chambre obscure ; lorsque l'image est reçue, on introduit de nouveau le châssis dans la caisse pour verser l'acide gallique, etc.

Je ne décris pas les dispositions intérieures de la boîte, car chacun peut les approprier au procédé qu'il a adopté. Elle contient facilement tous les objets nécessaires aux opérations ; portée sur un support en X qui se ferme dans le voyage, elle peut, en rase campagne, servir elle-même de soutien à la chambre obscure.

Cette constante uniformité dans les manipulations, au milieu des circonstances les plus diverses, est une garantie de succès qui sera appréciée des opérateurs.

FIN.

TABLE DES MATIÈRES.

APPENDICE.

FIN DE LA TABLE DES MATIÈRES.

PARIS.— IMPRIMÉ PAR E. THUNOT ET Cᵉ.
Rue Racine, 26, près de l'Odéon.

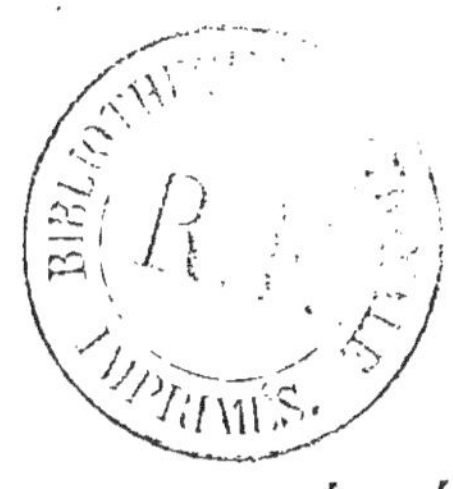
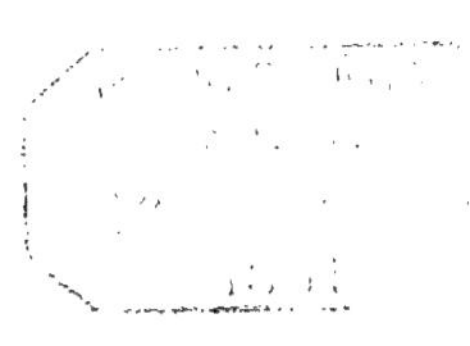

SUPPLÉMENT.

PROCÉDÉ PHOTOGRAPHIQUE

A BASE AMMONIACALE,

PAR MM. HUMBERT DE MOLARD ET AUBRÉE.

*Communiqué à l'Académie des sciences le lundi 1ᵉʳ mars 1851,
et à la Société d'encouragement le mercredi 9 avril suivant.*

Ayant eu dernièrement occasion de consulter M. Aubrée, chimiste, sur les causes qui me faisaient très-souvent, en photographie, obtenir une extrême rapidité lorsque j'introduisais les divers acétates de potasse de soude ou d'ammoniaque dans les préparations; désirant, à l'aide d'un bon avis, me débarrasser des intermittences de succès trop fréquentes, régulariser, enfin, le mode d'action de ces *acétates*, que je ne me dissimulais pas être des agents puissants d'accélération, mais dont je ne me rendais pas bien compte, il arriva que M. Aubrée, qui lui-même expérimentait en ce moment sur des feuilles de papier préparées à l'*iodure d'ammoniaque*, eut l'idée d'y combiner de suite l'*acétate* du même sel dont je lui parlais, et, bref, il vient de sortir de cette collaboration inattendue, improvisée, un procédé entièrement à base d'ammoniaque, qui nous paraît devoir intéresser la photographie, sous tous les rapports de simplicité, facilité, finesse, rapidité, etc.

Le voici :

Eau distillée	250 grammes.
Iodure d'ammoniaque.	10 id.

Cette solution sera d'un *jaune ambré.*

Pendant une minute, on y immerge complétement ou on y applique d'un côté seulement une feuille de papier qui ne tarde pas à prendre une teinte *rose violacée,* pour peu qu'elle renferme de l'amidon ou un acide quelconque.

Dans le cas contraire, elle reste blanche et n'en vaut pas

moins..., même peut-être mieux. On aura, du reste, toujours la faculté d'obtenir les feuilles d'une teinte *blanche* en introduisant préalablement dans la solution d'iodure d'ammoniaque quelques gouttes d'ammoniaque liquide, qui, de jaune ambrée qu'elle était d'abord, ramèneront de suite la masse du flacon au blanc limpide.

Enfin, que les feuilles aient été préparées des deux côtés ou d'un seul, elles seront, comme à l'ordinaire, suspendues jusqu'à dessiccation complète et gardées pour le besoin en portefeuille aussi longtemps qu'on voudra. Cette première préparation peut, sans le moindre inconvénient, être faite en pleine lumière.

Pour s'en servir, on applique *à plat* la feuille sur un des deux bains d'acéto-azotate d'argent suivants :

Eau distillée.	250	grammes.
Nitrate d'argent.	24	id.
Acide acétique.	15	id.

Eau distillée.	250	grammes.
Nitrate d'argent.	16	id.
Nitrate de zinc.	8	id.
Acide acétique.	8	id.

Ce dernier bain nous paraît le meilleur.

Sur l'un ou l'autre, et dans un endroit obscur, on laissera la feuille à plat jusqu'à ce que, si elle est d'un *rose violacé*, elle soit revenue au blanc complet, même au dos, mais pas plus, car la sensibilité se perdrait.

Dans le cas où la feuille serait primitivement blanche par l'effet du petit excès d'alcali ajouté à la solution, ainsi qu'il a été dit, la feuille ne devra alors séjourner sur le bain d'acéto-azotate d'argent que juste le temps nécessaire à son entier affaissement. De ce laps de temps sur le bain d'argent, plus ou moins prolongé avec opportunité, dépend le vrai degré de sensibilité de la feuille, et, ici, je ne peux m'empêcher de rappeler, en passant, ce que j'ai déjà écrit et soutenu en face de quantité d'amateurs qui professent le contraire, à savoir, que la beauté et la rapidité, en un mot, le succès d'une épreuve dépend, non pas de l'imprégnation profonde des substances à l'intérieur de la pâte du papier, mais, au contraire, de leur plus mince et légère application à la surface, même avec des solutions peu concentrées.

Au sortir du bain d'azotate d'argent la feuille égouttée un instant, mise à plat sur une glace et sur un double papier mouillé, débarrassée de tout excédant de liquide ruisselant, à l'aide d'un bâton de verre, dont le frottement doux et très-innocent expulse immédiatement toutes bulles d'air, en opérant en même temps une adhérence générale entre les papiers et la glace; la feuille, dis-je, ainsi disposée est de suite portée à la chambre noire :

Pour vues au soleil.	1 à 2 secondes.
— à l'ombre.	4 à 5 id.
Portraits à l'ombre.	15, 20, 25 au plus.
à l'intérieur d'un appartement.	50 à 60 id.

Tels sont les résultats que nous venons d'obtenir avec un objectif, grande plaque normale, par un temps froid, sombre et pluvieux : or, que ne devons-nous pas espérer au retour de la belle lumière !

On fait apparaître l'image par la solution suivante :

Eau saturée d'acide gallique.	180 grammes.
Acétate d'ammoniaque liquide.	6 id.

A la surface impressionnée de l'épreuve sortant de la chambre noire, et cela sans changer de glace, sans rien décoller, on fait couler la solution en inclinant, et en assez grande abondance pour qu'elle se répande partout et sans temps d'arrêt. L'image alors se manifeste presque aussitôt avec de bons noirs et des blancs biens réservés, sans taches ni en dessus ni en dessous... à moins toutefois que le papier n'ait été, lors de sa fabrication première, blanchi par le chlore ou la chaux; alors il est rare qu'il n'offre pas des marbrures ou des décompositions nuageuses. On termine en lavant à plusieurs eaux, et en fixant selon l'usage, soit à l'hyposulfite, si le cliché est vigoureux, sinon au bromure de potassium... le tout aux doses ordinaires.

L'ammoniaque étant un produit très-peu fixe, vu son extrême volatilisation, il sera bon de ne pas l'introduire trop longtemps d'avance dans l'acide gallique, de ne préparer de ce mélange que la quantité nécessaire aux opérations de la journée. On se ménagera ainsi plus de régularisation et plus de constance dans les résultats.

Sous l'influence éminemment accélératrice de l'acétate d'ammoniaque mélangé ainsi en petites doses à l'acide gallique, l'apparition de l'image négative se développe admirablement bien, depuis les radiations les plus vigoureuses jusqu'à celles sous-jacentes; la dose que nous en indiquons nous a paru la meilleure pour la sûreté normale des opérations. Pour plus de rapidité, les opérateurs pourront donc, à leur gré, l'augmenter de quelques gouttes, mais nous ne pouvons trop les prévenir qu'un excès (*même minime*), réagissant d'une manière trop énergique sur l'azotate d'argent libre dont l'épreuve est encore imprégnée au sortir de la chambre noire, formerait de suite un oxyde d'argent par sa combinaison avec l'acide gallique, et, de plus, un gallate d'argent tellement abondant, que l'épreuve en serait immédiatement couverte... perdue... souvent même sans avoir eu le temps de paraître.

Pour éviter toutes déceptions de ce genre, même partielles, nous ne pouvons trop recommander encore aux amateurs de ne jamais présenter à la chambre leur feuille mouillée ni *ruisselante*, mais bien au contraire seulement humide, en partie asséchée par l'action du bâton de verre, ainsi qu'il a été dit, ou par un papier buvard, si ce moyen leur paraît préférable. Cette recommandation est on ne peut plus essentielle pour la réussite.

Nous pensons que la réunion de l'hydriodate et de l'acétate d'ammoniaque forment la combinaison de substances la plus propice au procédé photographique que nous présentons aujourd'hui ; mais nous avons aussi grande espérance que l'emploi de l'*acétate d'ammoniaque*, à lui tout seul, pourra bientôt devenir une espèce de panacée d'accélération en photographie, puisque tous les jours, entre les mains de n'importe qui, et avec n'importe quelle préparation première du papier, nous voyons diminuer les poses de plus de moitié, sitôt que quelques gouttes d'acétate d'ammoniaque viennent se combiner à l'acide gallique qui n'avait pas assez de force par lui-même pour faire surgir la formation latente de l'image.

La feuille de verre albuminé en retire déjà elle-même un profit d'accélération de plus d'un tiers, et y gagnera encore, je l'espère, par des modifications spéciales, dont nous nous occupons, et dont nous rendrons prochainement compte.

PARIS. — IMPRIMÉ PAR E. THUNOT ET Cᵉ,
Rue Racine, 26, près de l'Odéon.

PARIS. — IMPRIMÉ PAR E. THUNOT ET Cie,
26, rue Racine, près de l'Odéon.